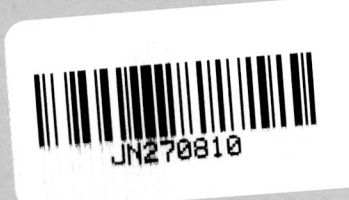

さおり トニーの冒険紀行

ハワイで大の字

小《お》栗《ぐり》左《さ》多《お》里《り》 & トニー・ラズロ

大人気のリゾート地、ハワイ。
でも、私にとって、
実はそれほど興味がない場所でした。
今までにも行ったことはありましたが、
ブランド物も買わず、マリンスポーツもしないせいか、
街を歩くくらいしか楽しみ方がわからなかったのです。
しかし今回、また訪れる機会をいただきました。
そして、沢山の体験や出会いを通して、
いろんなハワイを見ることができました。
その面白さが、
皆さまにも伝わりますように。
のんびりと、どうぞ。

小栗左多里

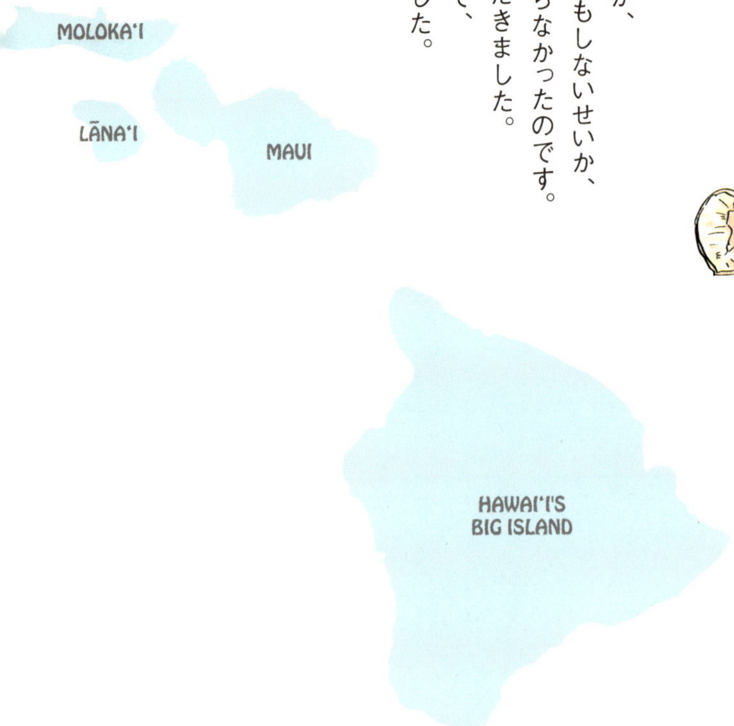
MOLOKA'I
LĀNA'I
MAUI
HAWAI'I'S
BIG ISLAND

はじめに

ハワイの人は、あなたが「何」をどのくらい
持っているかよりも、あなたが「誰」なのかに
興味があるそうだ。
だったら両手を大きく広げて、
のびのびと旅に出かけよう。
「ボクはここにいるよ！」と言って。
さらに足ものばして、みんな大の字。

トニー・ラズロ

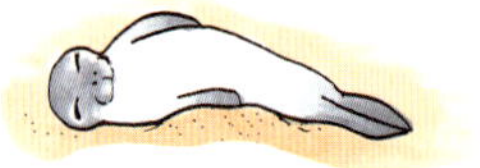

出発前

母一江
飛行機で腰が痛くならないかねえ
じゃあ腰痛防止グッズ買いに行く?
いろいろあるねえ
こ…これはデカい!! こんなん持ってく人いるのか!?
…これええなー
ここにいた!!
エンジョイしたようだ…
これも買った
ふくらましトニー担当
帰りの便では一生けん命ふくらませていたら
外国人男性がやってくれたらしい
かしてみ
でも!ピアスしてた60すぎなのに!!
母にとっては想定の範囲外

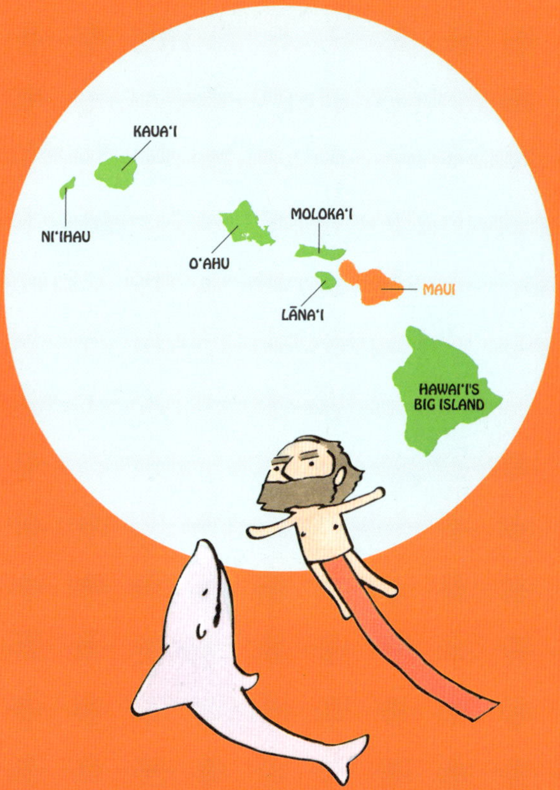

★ MAUI

マウイ島

昔ながらのハワイとリゾートが共存する島

スパ&マッサージ

「スパ」ブームの火付《ひつ》け役《やく》と言《い》われているグランド・ワイレア・リゾートホテルのスパに行《い》きました
曲線が リラックスムードを かもしだす
5種類《しゅるい》のお風呂《ふろ》もあり
シャワーや 打たせ湯まで
いろんなところに花《はな》が散《ち》らしてあるのもニクい
女子《じょし》の方《ほう》はみんな裸《はだか》だったが
移動は バスタオルを 巻く
男子《だんし》は
裸《はだか》と水着《みずぎ》どっちが多《おお》いですか
どっちもいらっしゃいますよ
どっち?
どっちも

はっきりしないなー…
うーん
よーし 裸《はだか》だ!!
しかしみんなほぼ水着《みずぎ》だったという
あらー？
編集エディまでも！
※日本人だが海外では「エディ」と名乗る男 それはエディター（編集）だから
スパの手順《てじゅん》
①お風呂《ふろ》に入る
洗い場にはイスやオケがあって温泉風味
②名前《なまえ》を呼《よ》ばれて体《からだ》を洗《あら》われる
さおりー
名前《なまえ》は「ヘチマ」
「ヘチマ」よ
↑日本語
ここが聞きとれず
ヘチマ!?
そう ヘチマ!!
私《わたし》を都合上《つごうじょう》「ヘチマ」って愛称《あいしょう》で呼《よ》ぶってこと!?
どんな都合て、日本人はみな「ヘチマ」て、
と思《おも》っていたら
洗《あら》う道具《どうぐ》がヘチマなのでした

③またお風呂《ふろ》でブラブラする
ジャグジーにするボタン
④待合室《まちあいしつ》へ
2階《かい》の扉《とびら》を開《あ》けると
いきなり外《そと》
すばらしいながめ
そして男女混合《だんじょこんごう》
ガウン一枚ですが…
再会
⑤担当《たんとう》する人《ひと》が呼《よ》びに来《き》てロミロミ開始《かいし》
個室もキレイです
私《わたし》と母《はは》がやってもらったのはココアバターを使《つか》ったもの
なめらか〜に
トニーとエディはハワイアン・ロミロミ
ぐっぐっ
ヒジから手首の部分で押す方式

Grand Wailea Resort Hotel & Spa 3850 Alanui Dr., Wailea TEL: 808-875-1234 URL: www.grandwailea.com

パイナップル・ワイン

Maui's Winery - Tedeschi Vineyards P.O. Box 953 Ulupalakua TEL: 808-878-6058

タロ・パッチで
ハワイの伝統的《でんとうてき》な
食《た》べものと言《い》えば「ポイ」
「ポイ」の原料《げんりょう》は「タロ芋《いも》」
「タロ・パッチ」とは
タロ芋畑《いもばたけ》のことです
今《いま》や数少《かずすく》ない
タロ・パッチを求《もと》めて
山《やま》の上《うえ》の方《ほう》へ
タロ・パッチは
水田なので
降水量が
多いところがいいらしい
上の方は よく
雲がかかっている
おじゃましたのは
カノアさんのお宅《たく》
タロ芋《いも》
掘《ほ》りを
体験《たいけん》させて
もらいました
でっかい
タロ芋はこんな
家《いえ》の
周《まわ》りは
大自然《だいしぜん》
ジャングル風味の
ところも
花屋さんで買うと
お高い花が沢山

タロ・パッチ到着《とうちゃく》
はい
バナナやパパイヤもある
マゴ
さて…
クリクリクリ
うむ
行《い》ってみますか
水着
ジャポ…
ぬあ〜
ぬあ〜
動けない
なんというか
しっかり!!
水《みず》というより一番下《いちばんした》の泥《どろ》の感覚《かんかく》が強《つよ》いので
指の間から泥はみだしてくる、みたいな
懐《なつ》かしい感《かん》じであるとともに歩《ある》くたびに
ぬあー
と言ってしまう
そして
いた…
小石が多い

いざタロ芋《いも》
足《あし》で根《ね》の方《ほう》を押《お》さえて抜《ぬ》いてね
ズボッ
く〜〜っ
ズボッ
チッチッ
もっと大きなのじゃないと困るんだよねー
小《ちい》さいねー
同じくらいです!
小さいのは戻しても大丈夫よ
虫《むし》いるねー
う〜
ニガテ…
それゴキブリだって
ぬあーっ
出《で》ていいですかっ!!
顔がズレるほどに

中腰《ちゅうごし》なのも大変《たいへん》
ホント農作業《のうさぎょう》って重労働《じゅうろうどう》…
頭がさがります
コロ…
芋《いも》&足《あし》は近《ちか》くの用水路《ようすいろ》で洗《あら》う
小学校《しょうがっこう》以来《いらい》かなーこの感じ
自然の小川みたい
あっアヒルー
このアヒル「生《い》きている農薬《のうやく》」
タロ芋《いも》の天敵《てんてき》はタニシ
ピンク色《いろ》のは卵《たまご》よ
あちこちにいっぱい!!
アヒルはタニシを食《た》べてくれるのですが
ところが野性《やせい》のマングースがアヒルを襲《おそ》ってしまうのよ
ふぅ
苦労《くろう》が多《おお》いなぁ…
しかももうかるわけでもないし
それでも伝統《でんとう》を守《まも》ってるんだね

あっここにも 小《ちい》さな パパイヤ いっぱいあるね
ホント〜
カノアさんは 家族《かぞく》で畑《はたけ》を やっているのだが お義母《かあ》さんは 少《すこ》しでも 隙間《すきま》を見《み》つけると パパイヤを 植《う》えてしまうのだという
パパイヤ 採《と》って みるかい？
近所の日系のおじさん
ひっかけて 落《お》とすんだよ
私《わたし》は…
ム…
ムリ〜〜〜 かなり力《ちから》が いるし…
首が限界
はい
疲《つか》れた私《わたし》にお孫《まご》さんが 花《はな》を摘《つ》んでくれた
ありがとー

花《はな》もらったよー
キレイだね
あー葬式《そうしき》によくある花《はな》やな
母《はは》よ…
さてお昼《ひる》はカノアさんがいろんな家庭料理《かていりょうり》を作《つく》ってくれました
私たちは母の作ったオニギリと
お寿司を買って
あと参加はコーディネーター直子さん
運転手の大学生ロドちゃん
ロドちゃんは↓本名山田くん
私たちは「ロドリゲス」という愛称をつけたのだが
ロド……ゲ
ゲ…リ
ロドゲーリー
リーゲー…スー
で結局
ロドちゃん
この日のメニュー
ポホレ・サラダ
生のワラビとトマトと玉ねぎ
「ワラビ」ね
日本語知ってる
チキン・ラウラウ
チキンをタロの葉でくるみさらにティの葉で包んで蒸し焼きにしたもの
チキン
ティの葉
タロの葉
（とってもやわらかくなる）

ルアウ・スクィード
タコのココナッツ・ミルク煮
「タコ」ね
日本語知ってる
なぜか「タコ」と「イカ」を区別しないで どっちも「スクィード（イカ）」って 言う人が多いね
ウル
ブレッドフルーツの ココナッツ・ミルク煮
ポイ
タロ芋を すりつぶして 液体に近いペースト状にしたもの
パイナップル
リー・ヒン・パウダー
（単に「リヒモイ」と呼ぶ人もいる）
中国産の乾燥梅を もとにした 甘酸っぱい粉
イナモア
ククイ・ナッツを ローストした ふりかけ
まぶすと 真っ赤に
食べすぎると お腹をこわす
ククイ・ナッツは レイにもなる
レモンと あひるの 卵の パイ
材料の多くは この辺りで 採れたものです
玄米
白米

ほー
70年近《ねんちか》く生《い》きてきて出会《であ》ったことのない食《た》べものばっかり…
「ところ変われば品変わる」やなー
ポイは白米《はくまい》やパンのようなもの
ラウラウみたいな塩辛《しおから》いもの食《た》べたらポイを食《た》べる
バランスね
んー…糊《のり》食《た》べとるみたいやな
こうして食べる地元の人もいるとか
お砂糖《さとう》入《い》れたらおいしいかも
ほとんど味しないから
ボクは甘《あま》くしなくていいと思《おも》う
ほかの食《た》べものの味《あじ》をジャマしないし栄養《えいよう》あるし消化《しょうか》よさそうだし美学《びがく》を感《かん》じるなー
おおげさな…
最後《さいご》にオニギリがひとつあまると
ロドちゃん！食《た》べてる!?遠慮《えんりょ》してるんじゃなーい？
若《わか》いんだから食《た》べないと!!
ホラッ
はい
若者《わかもの》がいるとその栄養状態《えいようじょうたい》が気《き》になって仕方《しかた》がない母《はは》

ごはんの間《あいだ》も
タオルを
胸《むね》につめて
巨乳《きょにゅう》ごっこで
大盛《おおも》り上《あ》がりの
お孫《まご》さんたち
キャーっ
ひとり増えた
でも照れ屋さん
この家《いえ》の
まわりは
すごーい
いい
景色《けしき》ーっ
「パピヨン」って
映画のロケに
使われたん
だよ
この景色が
見えるよう
ジャマな草を
刈っておいて
くれたらしい
ちなみに
おじさんの
着《き》ていた
Tシャツ
YOU CAN EITHER
AGREE WITH ME
OR BE WRONG!
「どうする?
私に同意する?
それとも間違ったまま?」
…って
いうような意味
なんか
共感…
共感?
タロ芋《いも》は
ゆでても食《た》べられる
ということで
いただいたものを
母《はは》が煮《に》てみました
だいぶ
固《かた》いねえ
ちょっと時間《じかん》は
かかりますが
里芋《さといも》にそっくりで
おいしかったです
私は
この方が食べやすかった!

TONY'S COLUMN

「おばけタニシ」

カノアさんは隣人にひどく怒っている。発端は約20年前に遡《さかのぼ》り、隣人がフィリピンから食用に養殖する目的で持ち込んで帰ってきた「golden apple snail（スクミリンゴガイ）」というタニシだ。最初はタニシなんて誰が食べるものかと思ったけれど、考えてみればエスカルゴとそう話は違わない。ただ、このタニシは手の平いっぱいくらいにまで成長するので、ほんの何個かでお腹がいっぱいになりそうだ。感覚としてはサザエのようなものかもしれない。この生物は繁殖力がすごい。一匹の雌《めす》は、年間平均4千個（最高記録は約9千個）の卵を生む。値段設定にもよるが、この卵の半数を育てて市場に出せたら、かなりの収入になるだろう。しかもこのタニシは、藻や草、そして魚の死骸などを食べて生き続けることを考えれば、飼育するコストもほどほどだ。それはカノアさんの隣人に限らず、養殖を生業にする者にとってみれば、実に生産性の高い商品であった。

ところが、この計画にはいくつか大きな問題が浮上した。まず、タニシは思ったほど美味しくなかったらしい。話によれば、どうも硬くて噛みにくい上に味が苦いとか。そして、このタニシは広東住血線虫《かんとんじゅうけつせんちゅう》という寄生虫の宿主になっている。これは人に寄生すると、髄膜脳炎《のうずいまくえん》を起こしうるような厄介な虫なのである。
　さて、タニシを育てたところで、食料品として価値がないことがわかった（なぜ最初からこれらの問題が発覚しなかったかは謎だが）。その後、育てられてきた何千個のタニシは、養殖場から逃げ（あるいは放され）、川などに流出。そして農場へと侵入したことで、美しかった農場の様相を変えてしまった。このタニシは、ハワイの伝統食料の中核になっているあの大切なタロ芋の植物が大好物で、特に生えたての幼苗を好む。またこの貪欲なタニシは、植物を一年中食べ続け、あっという間にタロ水田を食い荒らしてしまうのだ。カノアさんは、タニシに浸食された水田に胸を痛めているが、これは特別な例ではなく、モロカイ島とラナイ島を除いては、ハワイのあらゆる島で見つかっている。既に環境への悪影響ははかりしれない。
　ホノルル空港では、入国の途中に「Amnesty Bin（『今なら見逃してやるから、ここに入れろ』ゴミ箱）」というものがある。ハワイ州に持ち込み禁止の動植物を「今のうちに」捨ててもらい、新たな問題を防ごうという試みらしい。日本の空港に置いてみるのも良さそうだ。このタニシはもう入り込んでいて手遅れだけど…。

メキシカン エンリケス

Enrique's

2395 S. Kihei Rd., #112 Dolphin Plaza, Kihei TEL: 808-875-2910

ファースト・フードっぽいけれど、味はあなどれない

ロコフード サム・サトウズ

Sam Sato's

1750 Wili Pa Loop, Wailuku TEL: 808-244-7124

地元の人に大人気、お昼は行列必至！

TONY'S COLUMN

「ポイ」しよう。

「タロ」といえば未知でエキゾティックなものと感じる。でも、タロは日本でもよく食べられているサトイモ（里芋）と極めて近い仲間なのだ。厳密にいえば、タロはハワイ在来のものではない。だいぶ昔のこと（おそらく西暦400年ころ）だが、船でポリネシア人によって別の島から持ってこられたものとされている。

稲と同じく、たいてい水田で栽培されるタロ芋は、雨がよく降る地域が多いハワイで、よく育つ植物だった。ほうれん草のような葉も料理に使うことができ、玉茎（根っこみたいなところ）から作られるポイはハワイ人の食卓に欠かせないものとなった。ポイはタロ芋の根っこを茹《ゆ》でて、すりつぶしたペースト状のものだ。前述のカノアさんが半日がかりで作ってくれたハワイの家庭料理には、もちろんポイが含まれていた。

「おかずとともにポイを少しずつ食べる」という彼女の指示に従って、生まれて初めてポイを食べた。ポイは感じとして、離乳食あるいは味の薄いお粥《かゆ》に近い。味があまりないので魚にも肉にも、だいたい何にでも合う便利なものだ。正直言えば、すごくおいしいと感じたわけではない。もし、食卓にご飯かパンがあったら、そちらのほうを選ぶだろう。しかし、それでも、ハワイに行くなら、ぜひポイをはじめ、ハワイの伝統料理を食べることをお勧めしたい。

なぜかと言えば……地元の人が日常おいしく食べている料理はある意味で「普遍的なおいしさ」になっているはずだ。ハワイの人の「おいしい基準」は自分とは違うかもしれない。でも、地元の材料から作る地元の料理の場合、いろんな人が試行錯誤して、レシピを前の世代、そしてその前の世代から受け継いでいる。同じように、日本料理でも、すごくおいしいみそ汁は、「伝統が作り上げた普遍」と言っていいはずだ。日本を訪れている人にだってなるべく試してほしいものだ。自分が食べてすぐおいしいと思わなくても、それは自分の舌の問題だ。美味しさがわかるまでには、2、3回食べなくてはいけないかもしれない。

ちなみに、この頃のハワイのタロ生産量は、50~60年前と比べて、約半分。旅した人が、ポイを食べてみるということは、ハワイの伝統文化を守ることへの、小さな貢献にもなる。

シュノーケリング

ほぼ20年ぶりのビーチ
母《はは》 一江《かずえ》
お母《かあ》さん水着《みずぎ》じゃないんですかー
楽しみにしてたのに
なにをおっしゃいますやら
ホントに着てきたらどーすんの
じゃあシュノーケリングどうですか
え～～～
できるかしら
いいですねぇ いろいろ見《み》えると思《おも》いますよ
でも…
結構《けっこう》浅《あさ》いところでできるし
↑スポット
トニーと一緒《いっしょ》に行《い》けば大丈夫《だいじょうぶ》じゃない？
そーお…？

じゃあ…
ということで
もう必死
ザパーッ
チャプ…
顔をつけてみる
ザパパーッ
エディも手伝《てつだ》う
それはまるで
海難救助
バタバタ
↑母の足

そして
空気を吸うチューブの先っちょが海面に!
ゴボッ
ゴボボボッ
帰還《きかん》
ふー
大丈夫《だいじょうぶ》?
何《なに》か見《み》えた?
うんうん
そうまでして一江《かずえ》が見《み》たものは
ゴボ
岩とコンブ
ボクは魚も見たんですけど
きれいだったよ
帰り道《かえりみち》
大変《たいへん》だった…
こんなことするってわかっとったら来《こ》んかったのに…
えーっイヤだったの!? じゃあ断《ことわ》ればよかったのにー
ムリしなくても

こぼればなし

水着《みずぎ》を物色中《ぶっしょくちゅう》…

マウイの朝

滞在《たいざい》したコンドミニアムは
緑《みどり》が多《おお》く鳥《とり》がいっぱいいいた
とってもステキなことなのだが
朝《あさ》は
キョ
キョキョ
ジョッ
特《とく》にうるさいのが
キョキョキョキョ
この人
「キヨキヨの鳥」と呼んでいたが九官鳥らしい
ベランダで朝《あさ》ごはんを食《た》べていると

くれ
ハト
そのパンをくれ
その米もくれ
スズメ
いいからくれ
嬉《うれ》しくなってあげていたが
ホレ
ホレ
鳥《とり》は虫《むし》がついてたりするから要注意《ようちゅうい》ですよ
ベランダではちゃんとなにかはきましょう
できれば部屋でも
まぁとにかくこのような自然《しぜん》の中《なか》で目《め》ざめるのはのどかで気持《きも》ちのいいことです
キキョ
耳センしてもダメですが
しかしこの男《おとこ》の寝起《ねお》きの第一声《だいいっせい》…
スキナーって科学者《かがくしゃ》知《し》ってる?
知りません
人間《にんげん》は変《か》わらない…
この後
鳥の実験の話が続いた

ハワイ語の幼稚園

Punana Leo o Maui（Hawaiian language pre-school）

「マハロ」と言われたら

Mahalo!《マハロ》
(ありがとう)
と言われたら
'A'ole《アオレ》 pilikia《ピリキア》
(問題ないです)
「この人はできる!」と思われる
特別な言い方は
別れるときは
A《ア》 hui《フイ》 hou《ホー》!
No'u《ノウ》 ka《カ》 hau'oli《ハウオリ》
(こちらこそ 嬉しいです)

TONY'S COLUMN

「ハワイアン学校」

かつてハワイ語を使うことが禁止されたこともあって、ハワイ語の話せないハワイ人が多い。そんな中、1987年、ハワイ語だけで教育を行う幼稚園プナナ・レオ・オ・マウイがマウイ島に誕生した。先生のプノフさんは、設立の目的を「ハワイ人の先祖の魂を蘇らせること」だと説明してくれた。学校はハワイ系以外の住民も歓迎し、生徒が家庭でもハワイ語が使えるよう、親にも協力を求めている。もう一人の先生ケカフナさんは、日本の学校との間の交流に対して意欲を見せた。「我が家だって、もう少し広かったらハワイ語のホームステイ留学に誘いたいね」。

シュガー・ミュージアム

さとうきび工場のそばにひっそりとたたずむミュージアム
日本人移民が働いていた服装 ムカデよけのため肌を出せない
仏壇まで展示
暑かっただろうなー
薬屋さんの広告
水命保 蔘
五.五臓六腑の
六.色々の病気にて、
直に御試み下さい請合
七.過去八年間直輸入一手
売くキク薬との高評
八.昔も今も効き目のよい
米國布哇縣馬哇島ワイカ
見て見て 布哇《ハワイ》縣《けん》 馬哇《マウイ》島 だって
建物はここを管理していた人の家 築100年くらいとか
HawaiianStyle
1ドル札を使った「ORIGAMI」の本 なぜお札で折るのか…
おみやげショップは元・台所です

Alexander & Baldwin Sugar Museum
3957 Hansen Rd., (at the intersection of Pu'unene Ave. and Hansen Rd.), Pu'unene TEL: 808-871-8058
URL:www.sugarmuseum.com

ドーナツ　Krispy Kreme《クリスピー・クリーム》

ここで砂糖がかけられている
このお店ではドーナツを作る過程が見られます
ここのも注文できます
そして
どうぞ
え？もらえるの？
今は「ホット・ライト」中なので
「ホット・ライト」とは小ぶりなドーナツが1コもらえる時間
窓についているサインが光っていたら、「ホット・ライト」中!!
朝10:00〜11:00
夕17:30〜20:00

でも正しくは「Kreme」じゃなくて「Creme」だよね？
そうだねシャレなんじゃないかな

	EACH	DOZEN
ORIGINAL GLAZED《（プレーン）》	.89	7.99
ASSORTED VARIETES	.99	8.99

1 DOZEN《（ダース）》は横に並べます

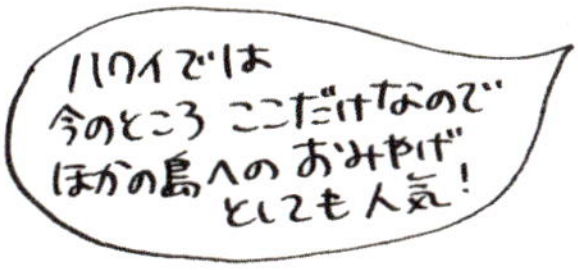

ハワイでは今のところここだけなのでほかの島へのおみやげとしても人気！

Krispy Kreme Doughnut 433 Kele St., Kahului TEL: 808-893-0883

マウイ・リサイクル
それは一枚《いちまい》の看板《かんばん》から始《はじ》まった
ADOPT A HIGHWAY
LITTER CONTROL
NEXT 2 MILES
CARROTIGNE TRUST
あれはなんの看板《かんばん》なのかなあ？
え？そういえばなんだろう気《き》にしたことなかった
「ADOPT」って「養子《ようし》にする」っていうような意味《いみ》なんだけど…
「道路《どうろ》を養子《ようし》に」？
それとも「2マイルごとにゴミ箱を設置した」？
下に企業名があるしなー
と悩《なや》んで調《しら》べたところ

これはマウイ島《とう》だけでなく
アメリカ各地《かくち》で行《おこな》われている
政策《せいさく》だったのです
希望する団体が
この2マイルの間
ボランティアで
ゴミを拾う
そして
自分《じぶん》たちの
名前《なまえ》を看板《かんばん》に
書《か》くことで
宣伝《せんでん》にも
なるわけですね
観光地では特に
効果ありそう
うん
面白《おもしろ》いね
役所《やくしょ》に
行《い》ってみよう
よ!!
え!?
うまくいけば
郡長《ぐんちょう》に会《あ》えるかも
知《し》れないし
そうでなくても
担当者に
会うとか
えーと
まず
電話《でんわ》…
とか?
直接《ちょくせつ》
行《い》ってみた方《ほう》が
話《はなし》が早《はや》いことは
よくあるよ
ということで
早速《さっそく》
役所《やくしょ》へ
リサイクルの
ことなどで
郡長《ぐんちょう》さんか
担当者《たんとうしゃ》に
会《あ》いたいんですが
本当《ほんとう》に
会《あ》えるのか
!?
案の上
恐い顔…
対応してくれた
郡長
秘書の
方
郡長《ぐんちょう》は予定《よてい》が
混《こ》み合《あ》って
ますのでね
紙《かみ》に会《あ》いたい
理由《りゆう》を書《か》いて
出《だ》してください
リサイクル
担当《たんとう》は今《いま》
会議中《かいぎちゅう》で…
会議《かいぎ》が
終《お》わるまで
待《ま》つこと
20分《ぷん》
ガチャ…
あらわれた
担当者《たんとうしゃ》は…

こんにちはー
ようこそ!
ハナさん
よろしくー
ムームーにレイだよ!!
南国だよ!!
会議《かいぎ》をしていたのは全員女性《ぜんいんじょせい》
女性《じょせい》が多《おお》いですねー
6対《たい》4くらいで女性《じょせい》が多《おお》いと思《おも》います
でも管理職《かんりしょく》は圧倒的《あっとうてき》に男性《だんせい》が多《おお》いですよ
皆《みな》さんのこと漫画《まんが》に描《か》いていいですか?
まぁステキッ みんなキレイにしなくちゃね
ウフフ
いいんすか いいんすか 検討とかしなくて もっと上の人の許可とかハンコとか
ではゴミやリサイクルについてなんですけど…
日本《にほん》ではどうなってるのかしら?
今日誕生日なのでレイをもらったらしい

ゴミの日《ひ》は週何日《しゅうなんにち》？
分別《ぶんべつ》は？
どういうものにリサイクルを…
私たちがインタビューに来たんですが
ハナさんの攻撃10分続く
そうゴミに関《かん》しては
住民の声
日本の方が進んでる
ハワイはまだまだだよ
埋めてるだけ
なにせ「可燃物《かねんぶつ》」と「不燃物《ふねんぶつ》」を分別《ぶんべつ》していないのです
でもいろんな取《と》り組《く》みをしてますよ
リサイクル・センターもある
(REDEMPTION CENTER)
ペットボトル1本《ぽん》で5セントもらえます
ボクも持っていった
そして「見学《けんがく》&体験《たいけん》ツアー」をやってもらえることに
朝7:30に
迎えに来てくれたアイリーンさん
その後案内してくれたステーシアさん
日本料理屋でバイトしていたそうで
好きな日本食はゴボウとシソとハマチ
この日《ひ》乗《の》ったのは「バイオディーゼル・カー」
廃油をリサイクルして作られている「バイオディーゼル」
石油と比べて排気ガスもクリーンだとか
フォルクスワーゲンゴルフ

まず
ゴミ処理場《しょりじょう》へ
スーパーの袋が舞い
なんだか
ゴースト・タウンのよう…
廃油《はいゆ》もここで回収《かいしゅう》
フライドポテト
車に貼ってあるステッカーも
YOUR FRIES GIVE ME GAS
あなたのポテトフライが ガス(燃料)に
「バイオディーゼル・カー」は
観光客《かんこうきゃく》も
レンタルできます
実際借りてる
車見ました
ガス
スタンドは
今のとこ
1カ所
だけど…
自分で給油
燃費は
いいらしい
ハーイ
今日はブルーですね
そして私《わたし》たちが
ゴミを拾《ひろ》える道《みち》へ
マウイ・カー・レンタル（レンタカー）
TEL: 808-871-8990
米国内フリーダイヤル：1-800-567-4659
パシフィック・バイオディーゼル
（燃料開発・ガススタンド）
TEL: 808-877-3144

早速《さっそく》着替《きが》えて
役所でもらったTシャツ
RECYCLE
担当《たんとう》しているボランティア団体《だんたい》の事務所《じむしょ》で「お掃除《そうじ》セット」をもらい
ゴミ袋&ゴム手袋
メモ立て
鉛筆
マスコット
ステッカー
台所用ゴミ袋
コミュニティ・ワーク
TEL: 808-877-2524
拾《ひろ》う
拾《ひろ》う
拾《ひろ》う
それほど沢山《たくさん》のゴミないねぇ
缶や紙がパラパラと
2マイルではないけど1キロくらいのゴミを拾《ひろ》って
ADOPT A HIGHWAY
LITTER CONTROL
NEXT 2 MILES
SAORI&TONY
許可を取りました
観光《かんこう》のほかなにかの会議《かいぎ》や大会期間中《たいかいきかんちゅう》に参加《さんか》する人も結構《けっこう》いるそうです
私《わたし》たちもADOPTしました—
一日だけ
郡長さんにも会えました
漫画に描いていいですか
どうぞ
いいんすかそんなカンタ〜ンで
おみやげは郡長名入りボールペンとピンバッチ

Maui Car Rentals, Inc.　181 Dairy Rd., Kahului　URL: www.mauicarrentals.net
Pacific Biodiesel, Inc.　URL: www.biodiesel.com
Community Work Day Program　URL: www.cwdhawaii.org

鉄板焼 コウベ・ジャパニーズ・ステーキ・ハウス

KOBE Japanese Steak House

136 Dickenson St., Lahaina　TEL: 808-667-5555

シェフのパフォーマンスも味わいどころ

上から読んでも
下から読んでも
BOBだよ
クル
クル
私たちの
鉄板を演出するのは
なんと 17才の
ボブくん
クールな顔で
ギャグをとばす 中国系
バターが
溶岩
素早く
積まれた
玉ねぎの
輪っか
火山
カン
カン
カン
エビを
切りまくる
ボブくん
動作は
すべて早い
火をつける
噴火だっ
いるか？
しっぽ
こう言われた
ときの決まり文句は
Not
today!
(今日はいいよ)
下げる
食器の
重ね方も
特徴
あります
シェフはほぼ英語ですが
雰囲気だけでも面白いかも

KAUA'I
NI'IHAU
O'AHU
MOLOKA'I
MAUI
LĀNA'I
HAWAI'I'S
BIG ISLAND

★ HAWAI'I'S BIG ISLAND

ハワイ島

ハワイの中で一番大きく、活火山の迫力を体感

溶岩の島
ハワイ島《とう》に近《ちか》づくと 海岸線《かいがんせん》が溶岩《ようがん》なので
ああ溶岩《ようがん》で 使《つか》えない ところを空港《くうこう》に してるんだ
と思《おも》ったが
着《つ》いてみたら
どこも かしこも 溶岩《ようがん》 だらけ
コーディネーター ニックさん
ハワイ島《とう》は 今《いま》も噴火《ふんか》して できてる途中《とちゅう》の 新《あたら》しい島《しま》だからね
地面《じめん》が黒《くろ》いので 観光客《かんこうきゃく》が サンゴを並《なら》べて サインを 描《か》くことも
J・M
ボクはこれ 大反対《だいはんたい》なの
サンゴ＝砂浜
溶岩
サンゴの カケラがたまって 砂浜《すなはま》が できていくのに 持《も》ち出《だ》してたら いつまでたっても 溶岩《ようがん》が むきだしだよ
島のことを 思うなら やめないとね

溶岩《ようがん》にはトンネルがあるこれは「ラバ・チューブ」という
溶岩《ようがん》が流《なが》れたとき
周りが先に冷えて固まって
中は流れていく
流れきったら中は空洞に
昔《むかし》はこの穴《あな》をお墓《はか》にすることもあったし危《あぶ》ないから中《なか》に入《はい》っちゃダメですよ
国立公園《こくりつこうえん》などで中《なか》に入《はい》れる「ラバ・チューブ」もあります
そびえ立《た》つマウナケア山《ざん》は海底《かいてい》から測《はか》るとひとつの山《やま》としては世界最高《せかいさいこう》なのだとか
なんと冬はスキーができる！
ちなみにコナ空港《くうこう》はハワイ島《とう》の
天井ナッシン！
空港《くうこう》の中《なか》なのにずーっと「外《そと》」なんですけど!?
セキュリティ・チェックは外部《がいぶ》からすぐそこ
ここはふつーの道路
会社帰りにフラッと並んでしまいそうではないか！

キラウエア ヘリコプターで行く
ハワイ島《とう》と言《い》えば
ヘリコプターでのキラウエア火山見物《かざんけんぶつ》…ということで
私たち初ヘリコプターです
申《もう》し込《こ》むとき体重《たいじゅう》を申告《しんこく》する
が!!
体重《たいじゅう》…？
己の身長体重を知らない男
それらしき重《おも》さを申告《しんこく》
当日《とうじつ》受付《うけつけ》でまた確認《かくにん》
でも実際《じっさい》に計《はか》らないんだ…不安《ふあん》だなー
絶対サバよむ人いるよね
自分《じぶん》の体重《たいじゅう》知《し》らない人《ひと》に言《い》われたくないわ
ホントに知らないよりマシだ!!
私たちの組（最大6人）はひとりキャンセルで5人だったので多分余裕だったけど…

英語《えいご》でいろんな
説明《せつめい》を受《う》けた後《あと》
外《そと》へ
炎天下《えんてんか》
前《まえ》の組《くみ》が
帰《かえ》って
来《く》るのを
待《ま》つ
帽子・ポシェット・バッグは基本的にナシで
ギラ
ギラ
ギラ
帽子《ぼうし》は
かぶれないので
日焼《ひや》け止《ど》め
必須《ひっす》です
メ…メラニンが…
そして
ヘリコプターとの
接近遭遇《せっきんそうぐう》
うるさい
わての耳が!!
乗《の》ると
早速《さっそく》
ヘッドホンと
シートベルト
装着《そうちゃく》
スタッ
ふぅ
私《わたし》の席《せき》は
パイロットの隣《となり》
どこから
来《き》たの?
ジャパン
彼の声は
ヘッドホン
から
聞こえる
おー
ジャパン!
唇《くちびる》を
読《よ》んだのだと
思《おも》うけど
私《わたし》がもし
ウィスコンシン
とか言《い》ってたら
聞《き》き取《と》れたの
だろうか?

パイロットの隣《となり》だと
特《とく》に注意《ちゅうい》を与《あた》えられる
私《わたし》たちの間《あいだ》には大切《たいせつ》なレバーが何本《なんぼん》もあるものを落《お》としても自分《じぶん》では拾《ひろ》わないで
絶対《ぜったい》にどのボタンも触《さわ》らないでね
そう言《い》われると
押《お》したら…どうなっちゃうんだろー…
凝視
すごくいろいろあるね
さて全員《ぜんいん》乗《の》り込《こ》んでいよいよ出発《しゅっぱつ》
妻
夫
アキ
ふわっ
浮《う》いた!!
…………
大変に厳しい表情の隣の人
後《あと》で聞《き》くと
感情《かんじょう》に負《ま》けてはいけないんだよね!!
落《お》ちたらどうなるとか…
でも飛行機《ひこうき》は乗《の》り慣《な》れてるから大丈夫《だいじょうぶ》って思《おも》ってるけどこれとそう変《か》わんないよねとか…
足元まで窓
つまり恐いので言い聞かせてたんですね

でも乗《の》っちゃったからには仕方《しかた》ない
楽しむのだ!
さぁ下《した》に大《おお》きな滝《たき》が見《み》えますかー
パイロットはDJみたいにしゃべりっぱなし→
ところどころにポツンと残《のこ》されてる家《いえ》
せつない…
火口《かこう》
景気よく燃えてます
アツアツだよ!! 落《お》ちたら熱《あつ》いよねー
→やっぱりまた考えてる
海《うみ》に溶岩流《ようがんりゅう》が落《お》ちて白煙《はくえん》が上《あ》がっている風景《ふうけい》は圧巻《あっかん》
帰《かえ》り道《みち》
ゴソ
ガサ
さて!! ハワイの名物《めいぶつ》と言《い》えば…
スパムですね!?
これ!! 珍《めずら》しいパッケージですよ
SPAM

ええーっ
もの落《お》とすなって言《い》ってたけど足下《あしもと》に置《お》いてあったよこれ!!
これはスパム料理《りょうり》のレシピ
ヘリの中《なか》で!?
みんなの元《もと》を回《まわ》っていくスパムとレシピ
最後《さいご》にダンナさんがパイロット席《せき》の下《した》にそれを置《お》いたという
いっいいのか危なくないのか!!
この辺はマカダミア・ナッツの木がたくさんあるんだけど一本だけ茶色いんだそれは何だと思うて、さおり どうかなて、
答えはマカダミア・チョコの木だから!!
答《こた》えを要《よう》していないクイズなど最後《さいご》までしゃべり倒《たお》すパイロット
全部英語なので大半を聞き流したふたり
おしゃべりかなりうまかったよ
ジョークもいうし
無事《ぶじ》に帰《かえ》れて良《よ》かったです
離陸時・着陸時に流された曲は「ドント・ウォーリー・ビー・ハッピー」であった
ヘリコプターのお尻

Blue Hawaiian Helicopters Hilo International Airport, Hilo TEL: 808-961-5600

TONY'S COLUMN

「自然・気候」

コナ空港を一歩出ると、火星か水星かと思うような、まるで別の惑星に来たみたいだ。目に映るのはずっと昔に吹き出た溶岩石と土。めったに雨が降らないため、雑草を除いては植物らしきものはほとんどない。空港を出て北、そして東に進むと、徐々に植物が見えてくる。さらに東南部にあるヒロに向かって行けば、立派な熱帯雨林が現れてくる。ちなみにヒロは米国で降雨率が最も高い町だそうで、傘は必着品。町を案内してもらった友人のリックさんは家、職場、車にひとつずつ、日常生活で三つ置いている。島の西部が干ばつで東部が亜熱帯になっているのはなぜか。学説では、島にある巨大な山が貿易風を遮断している影響と言われている。またハワイの神話では、火の神ペレと収穫の神カマプアアが長く争いを繰り返した後、ペレが西部、カマプアアが東部を支配することで妥協したという。「常夏のハワイ」で、ひとつの島で砂漠も熱帯雨林もマウナケア頂上のツンドラも見て回れることを考えれば、神話のほうを信じたくなる。もしハワイに移住するのなら、僕はハワイ島がいい。これだけ気候のバラエティがあれば、退屈するはずがない。

レイ作りとフラ・レッスン

レイ作《づく》りの先生《せんせい》ノーマンさん
いろんなものをディスプレイして待《ま》っていてくれました
レイにもいろんな種類《しゅるい》があります
巻きつけて作る Wili
すっごくキレイ!!
1種類だけを編む Hili
3本をよって花を使って編む Haku
針を使う Ku'i
ノーマンさんはいろんなショーでヘアまで含《ふく》めた演出《えんしゅつ》をしています
日本《にほん》にもよく来《く》るそう
生《い》け花《ばな》はいいなぁと思《おも》いますね
ある種《しゅ》のメンタリティが必要《ひつよう》ね
レイとはまた違う感じ
庭にはレイに使う花がいっぱい

ボクもレイ作《づく》りに挑戦《ちょうせん》したいんですけど
あら
じゃあこのレイの続《つづ》きをやりましょうか
いい? この葉《は》っぱのこの辺《へん》をちぎってここにあててヒモでしばっていきます
パパパパパッ
これと同じようにやって
え〜と…ここ…?
クル
クルクル
パパッ
そうこんな感《かん》じね
ものすごい早さ!!
これはこれでいいんですか?
うんちょっとこうしてね
こう!
さっきまで穏《おだ》やかだったのに人《ひと》が変《か》わったようにキビしく…
なんとかできた…
ボクが輪《わ》を広《ひろ》げてあげたよちょうどいい大《おお》きさになったでしょう
ボクが
ボクがやったよ
どうも
ノーマンさんはフラの先生《せんせい》でもあります
ぜひフラも教《おし》えてください
体験したい主義
楽器
じゃあ簡単《かんたん》なものからね
2歩ずつ右に移動しますよー

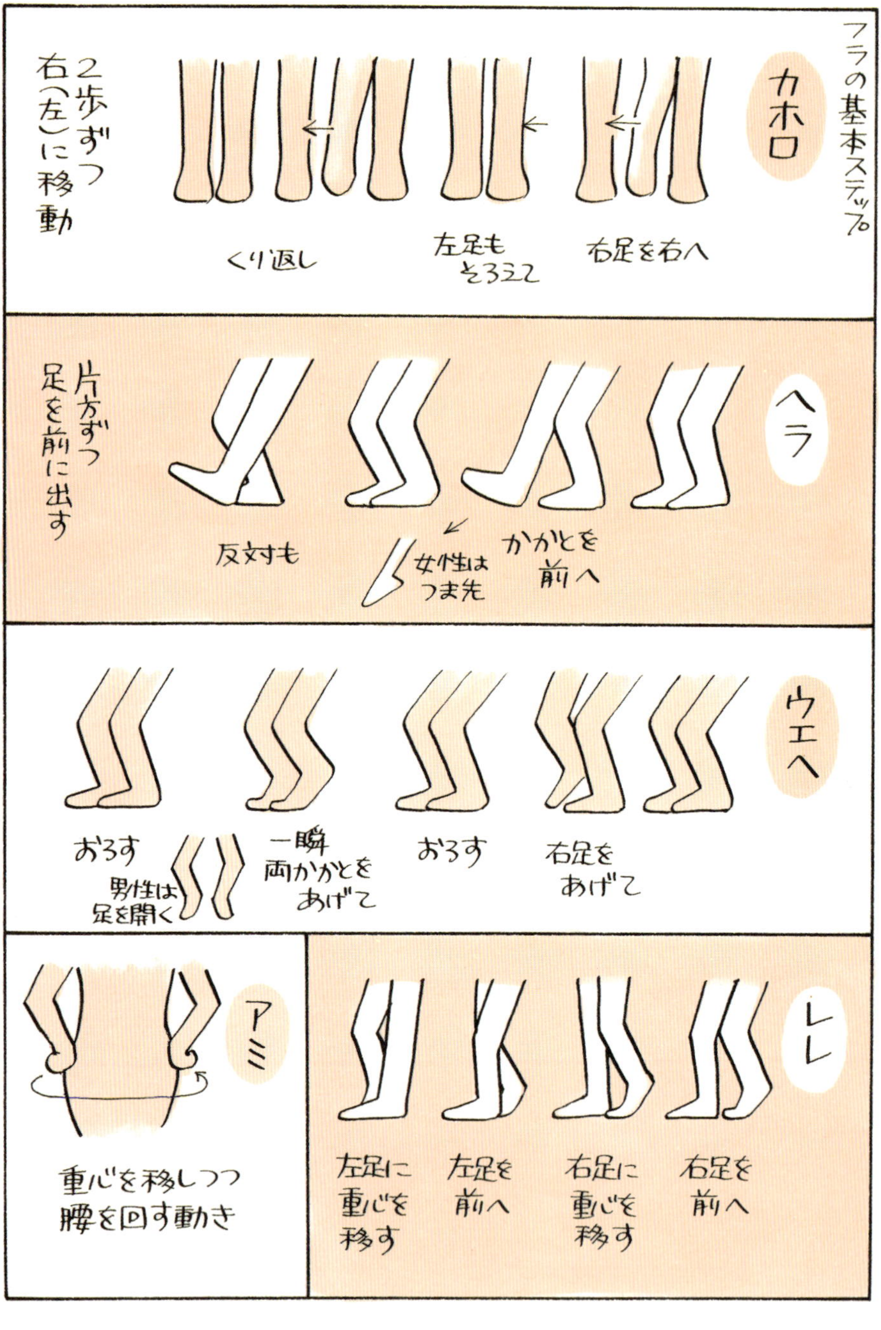
フラの基本ステップ
カホロ
2歩ずつ
右(左)に移動
右足を右へ
左足もそろえて
くり返し
ヘラ
片方ずつ
足を前に出す
かかとを前へ
女性はつま先
反対も
ウエヘ
右足をあげて
おろす
一瞬
両かかとをあげて
男性は足を開く
おろす
アミ
重心を移しつつ
腰を回す動き
レレ
左足に
重心を
移す
左足を
前へ
右足に
重心を
移す
右足を
前へ

はい
カホロ
ヘラ
レレ
レイ作《づ》りと同《おな》じくバンバン進《すす》んでいく
カホロ
簡単《かんたん》…
心《こころ》のオアシス
カホロ
ホッ
レレ
ウエへ!
レレとウエへがくっついた!
アミ!
なんだっけ
ぐったり
フラ・ダンスは手《て》の動《うご》きに目《め》がいくけど足《あし》だけで精《せい》いっぱいだ…
こぼればなし
ステキ髪型《かみがた》の人
ビーチにいた人
たぶん箸 きっと箸
布巻いてる
タトゥ
空港にいた人
本人の髪かアクセサリーかは不明…
時計!

ホーム・パーティ

ホーム・パーティが
開《ひら》かれたのは
エラさんと
ジョージさんのお宅《たく》
パーティの前《まえ》に
いろんな果物《くだもの》の木《き》が
植《う》えてある広《ひろ》い庭《にわ》を
見《み》せてもらう
「ジャボティ
ガバ」
という木
ジョージさん
太《ふと》い幹《みき》に
いきなり
実《み》が
生《な》るのが
珍《めずら》しい
でしょう
見かけは
巨大ブルーベリー
中は白くて
ブドウのよう
（味も）
おお
カカオ
も！
エラさん
カカオ
食《た》べて
みる？
中に種
生《なま》で
食《た》べ
られるん
だー
さわやかな
甘さ…
ボリボリ
どれ
どれ

あっ 種《たね》は
食《た》べない
のよっ…
ゴクッ
遅《おそ》かった…
苦いけど食べられたよ
実《じつ》はエラさんは
趣味《しゅみ》が高《こう》じて
「ママ・エラ」という
ブランドでクッキーを
販売《はんばい》しています
一番人気は
リリコイ
（パッション・フルーツ）
カカオから
作《つく》る
自家製《じかせい》
チョコチップ
入《い》りも
おいしーい!!
ハワイ島や
オアフ島で
買えます
ほかに
「ポハ（ほおずき）」
入《い》りも
ほおずきは
スーパーでも
売ってます
生の
poha
甘酸《あまず》っぱい
庭《にわ》の一角《いっかく》には
オリが
野性化《やせいか》した
ブタか
イノシシだね
まぁとにかく
食《た》べるのが
楽《たの》しみだ
ガタガタ
ウ〜〜ッ
ガタッ
この日のメニュー
3種類のププ（おつまみ）
キムチと貝ときゅうり
ロミ・サーモン
サーモンと
トマトと
玉ねぎ
マグロと
ココナッツ・
ミルク

テリヤキ・ビーフ
ポーク・ミソ・ソース
チキンのハーブ・マリネ・ソテー
ラムのトマト・ハーブ煮
ココナッツ・ミルク煮いろいろ
サプスイ
サモア風太い春雨煮
中華料理っぽい
タコ
グリーンバナナ
お芋にそっくり！
パルサミ(タロの葉)
ケーキ
エラさんはサモア出身《しゅっしん》
サモア料理《りょうり》にはココナッツが欠《か》かせないの
ココナッツをおろすのは大変《たいへん》だけどサモアでは男性《だんせい》が料理《りょうり》してくれるのよ
ええなぁ
ジョージさんは日系《にっけい》
日本語は少しできます
昔《むかし》親《おや》の出身地《しゅっしんち》の沖縄《おきなわ》に行《い》ってみたんだよ
街《まち》を歩《ある》いていて自分《じぶん》と同《おな》じ名字《みょうじ》を見《み》つけ
おっ
ビジネスホテル
中《なか》に入《はい》って話《はなし》をしてみたら遠《とお》い親戚《しんせき》だったとか
すごい話！

私《わたし》たちのほか ゲストは
フィリピン系 シルビアさん
息子 アーチーさん
サモア系 グレイスさん
皆《みな》さん おもむろに
さっ
サモア、タヒチ、ハワイの歌を次々と
彼《かれ》らは週末《しゅうまつ》 グレイスの 店《みせ》の前《まえ》で 演奏《えんそう》して るんだよ
↑グレイスさんは ダンサー兼 アンティーク店経営
さあ トニーも やって みなよ
「C」と「F」と 「G」だけ 覚《おぼ》えれば できる曲《きょく》 あるから!
ギター経験は あるものの
オーケー トニー レッツ・ゴー!
ジャカ
ジャー
ジャカー
ジャカー
できた できた～
パチパチパチ
今日《きょう》 ふたりは ノーマンに フラ・ダンスも 習《なら》ってきたんだよ
↑みんな友人

見《み》せて見《み》せて
→プロ、である
う…ニックさんよけいなことを…しかし！
舞台を設定されたら役者は出んならん by一江
タン タン
これ カホロね…
うん…
まぁ 簡単すぎよね
こんなときには
ウエヘ！
おー フラ・ダンサーだねぇ
パチパチ
バウワワウッ
突然《とつぜん》庭《にわ》の暗闇《くらやみ》に飛《と》び出《だ》すレイディ（犬《いぬ》）
多分「ピッグ」だね
また言葉《ことば》ネタに食《く》いつくトニー
この1列《れつ》を「1ハンズ」って言《い》うんだよ
ほーーう
日本の「雨々ふれふれ」や「ここに幸あり」も歌ってくれた
音楽《おんがく》やジョークで全員《ぜんいん》が何《なに》かを出《だ》しあって場《ば》を盛《も》り上《あ》げるのがいいね
楽しい夜でした

ノーズ・フルート

ノーズ・フルートとは
まさに鼻で
奏でるフルート
ニックさんも
たしなむ
「口はウソを
つくが
鼻はウソを
つかない」
って言葉も
あるんだよ
利き鼻は
左か
トニーは
音だけ
出せた
マウイ島で
上演中の
ミュージカル
「ウラレナ」に
ノーズフルートを
2本同時に
演奏できる人がいて
(とても珍しい)
終演後
運がよければ
真後ろから
吹いてもらえる
それは
深い森の中に
いるような
生まれる前の
記憶みたいな
癒やし効果も
あるというのが
納得でした

パニオロ体験

パニオロは「エスパニョール
（スペイン人《じん》）」が変化《へんか》した言葉《ことば》で
「カウボーイ」のこと
隣《となり》の牧場《ぼくじょう》で乗馬《じょうば》も可能《かのう》です

ここには
ロデオ練習
グッズがあります
落馬に
つぐ
落馬
ヒモを引っ張って
真ん中の馬を揺らす

もらえる帽子
ま、
軽い
もんだね
パン
パン
どこが…
ロデオは
8秒以上
乗ってないと
カウントされないん
ですよ
オーナー
サニーさん
←なんと元懐石料理人
ランチのBBQもおいしいです

投げ縄練習機もあります
たーっ
①この足で
スイッチを
押すと
②羊が
飛び出す
本物のカウボーイも
これで練習することがあるんだとか
ひとり黙々と投げ縄の
練習する人…

Paniolo Land LLC P.O. Box 3147 Kailua-Kona TEL: 808-885-7100

パスタ考

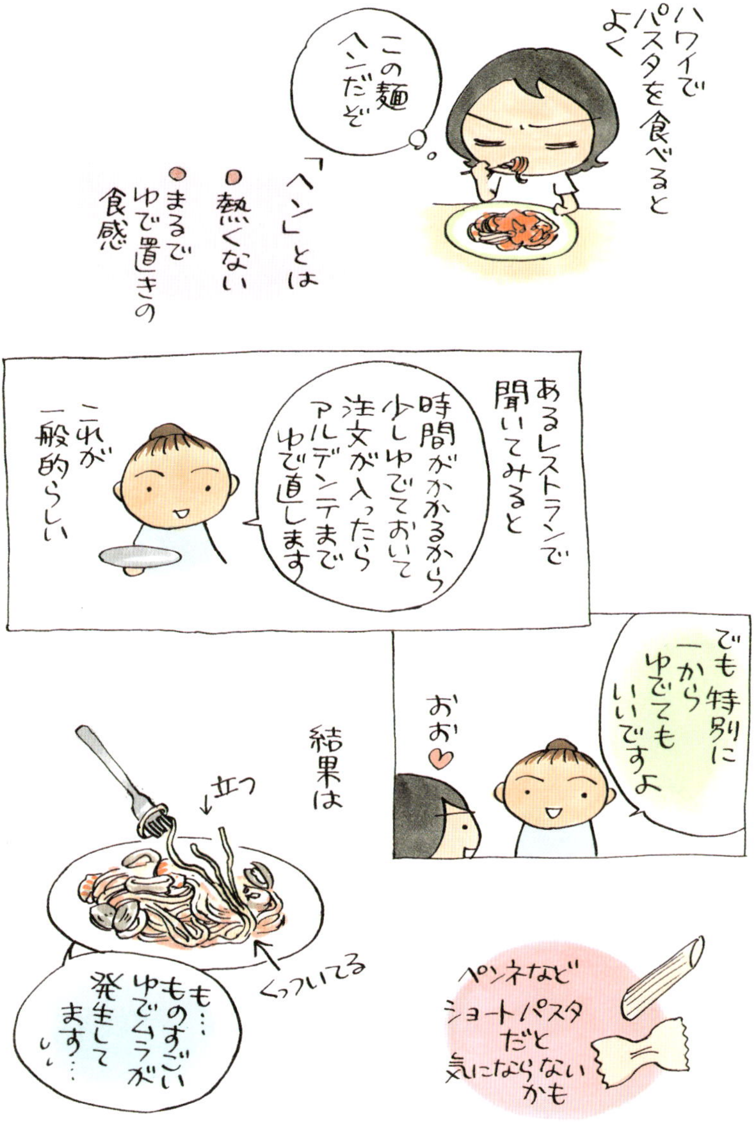
ハワイでパスタを食べるとよく
この麺ヘンだぞ
「ヘン」とは
●熱くない
●まるでゆで置きの食感
あるレストランで聞いてみると
時間がかかるから少しゆでておいて注文が入ったらアルデンテまでゆで直します
これが一般的らしい
でも特別に一からゆでてもいいですよ
おお♥
結果は
立つ
くっついてる
も…ものすごいゆでムラが発生してます…
ペンネなどショートパスタだと気にならないかも

甘いかしょっぱいか

その夜《よる》は老舗《しにせ》レストランへ
ボクはできた頃《ころ》に行《い》って…10年《ねん》くらい前《まえ》かな? それ以来《いらい》だけど人気《にんき》のお店《みせ》だよ
タヒチも好きで耳に花を飾る男
メニューはヨーロッパ系《けい》
トニーは鹿肉
私はラビオリ
ニックさんとエディは魚
…しょっぱい
うんしょっぱい!!
そーお?
おいしいよ♡
私《わたし》もしょっぱくなってきた~~~

お互《たが》い試食《ししょく》してみた結果《けっか》
魚《さかな》が特《とく》にしょっぱい
鹿とラビオリはマシだな
実《じつ》は
油断《ゆだん》するとソースが甘《あま》いからね ハワイは
この料理《りょうり》甘《あま》くないですか?
確認《かくにん》していたのだが
甘《あま》くないですよ
でも「しょっぱくない」とは言《い》ってなかった!!
がくっ
歯《は》グキまでしびれてきた!!
大丈夫かっ
キレるエディ
ヨーロッパの料理《りょうり》だとこのくらいの塩加減《しおかげん》もあるよー
塩の許容量がデカい男
薄も濃もエンジョイ
ニックさん…
あー! そういえば10年前《ねんまえ》に来《き》たときもしょっぱいなーと思《おも》ったんだった
きっと10年後《ねんご》またニックさんは来《き》てしまうのだろう…
デザートはチョコトルテ 特にでっかいひと切れ
しょっぱいのも甘いのももーダメ!!

イルカとたわむれる

ハワイ島《とう》で大人気《だいにんき》の
ドルフィン・アトラクション
予約《よやく》3ケ月先《かげつさき》
くらいまで
いっぱいらしいです
という状況《じょうきょう》で到着《とうちゃく》
キャンセル待《ま》ちは
入《い》れてるん
ですけど…
ムリっぽいかなー
実《じつ》は…
とある「会員権の説明会」に
出るとその会社がおさえてる
枠に入れてもらえるみたい
なんだけど…
う〜ん
オトナの世界の
裏ワザか〜…
それは夫婦一組に
ひとり担当がついて
みっちり1時間以上
話をするんだけど…
でも
企画《きかく》の
ため!!
受《う》けよう
か
だねー…
じゃあ
説明会《せつめいかい》の
申《もう》し込《こ》み書《しょ》
書《か》こう…
…んー
でもなー
む〜〜
む〜〜〜〜!!!

ぐっ
やっぱりやめよう申《もう》し込《こ》みは!!
え…でも…
明日《あす》の朝《あさ》イチに直接《ちょくせつ》行《い》ってみようよ
直接行ってみよう主義
翌朝《よくあさ》
今日《きょう》ってキャンセル出《で》てませんか？
入れないですかね
今日《きょう》？何時《なんじ》からがいいかしら？ふたり？
パラッ
はいお昼《ひる》に入《はい》れますよ
あっさり
マジで!?
島到着後《しまとうちゃくご》に確認《かくにん》に来《こ》ない人《ひと》はウェイティング・リストからはずされていきますから
よくわからないがなんにしろ「確認」が大事ということか
これに参加《さんか》するときは
すぐそこに見物人
カギのないチェストに荷物を入れるので貴重品は持っていかない方が安心

4〜6人《にん》で一組《ひとくみ》
小魚たんまり
きたー
スベスベー
私《わたし》は空気《くうき》の弁《べん》を触《さわ》ってしまった
ダメですよー穴は触っちゃ
このイルカはメスだったので
ダメですよー穴は全部触っちゃ
おへそ
乳
性器
乳
ちなみにオスもこういう中に性器が格納されてます
早く泳ぐためらしい
写真撮影《しゃしんさつえい》も
ピーン!!
けなげ
パシャ
じゃ次《つぎ》はキスして
チュッチュッチュ〜
パシャ
え
なーにそれ
チュッ
パシャ
すばらしー
どうやら本当に口をつけるということだったらしい

時間《じかん》にして20分《ぷん》ほどで終了《しゅうりょう》
高いと思うかどうかはその人次第…
イルカの保護とかにも使ってるみたいだけど
癒《いや》されに行《い》くより癒《いや》しに行《い》きたいなぁイルカは…
それはムリでは…
きみはとにかく穴を触るな

こぼればなし

ワイコロア・ビレッジのテラスで

屋根に鳥が!!
カワイイ

しかし客が席を立つと
ヒッチコック「鳥」
メシ
メシ
メシ
メシ
メシ
メシー
もう!!
もちろん怒られる
ちょー邪険

リラクゼーション
私《わたし》が受《う》けたのは ウォーター・マッサージ
ステキな リゾート空間《くうかん》でした
施術《せじゅつ》してくれるのは シェアーさん
右脳《うのう》を使《つか》って やるから途中《とちゅう》で 止《と》められないのよ
ミステリアス ムード
全身《ぜんしん》から 完全《かんぜん》に 力《ちから》を抜《ぬ》いて
少し温かい くらいの水温
ゆったり もみほぐして くれます
気《き》になるのは 耳《みみ》
耳《みみ》が水《みず》の中《なか》に 入《はい》った方《ほう》が 雑音《ざつおん》が なくなっていい
でも出たり入ったり だと耳に水が 入りそう…
最終的には
右へ傾けられた 瞬間…
ジュゴボボボ
あ…入った…

特《とく》に気持《きも》ちいいのは回転《かいてん》
半分死んでるような
生まれる前のような
体《からだ》のいろんな場所《ばしょ》に声《こえ》をあてて振動《しんどう》させたり
ヴ〜〜
ホーミーみたいな声
ヴ〜〜
最後《さいご》はボーッと浮《う》く
葉っぱキレイ…
でも日焼け止めもっと塗ってくればよかった…
終了《しゅうりょう》
ぬるま湯万歳!!
人間《にんげん》たまには浮《う》かなきゃダメ!!
ですね
気《き》づくと全員《ぜんいん》泳《およ》いでいた男《おとこ》チーム
ザパー
魚も泳いでます
他《ほか》に公共《こうきょう》の温泉《おんせん》で
リラクゼーション師《し》と待《ま》ち合《あ》わせてやる人《ひと》もいます
↓海
溶岩の熱で温まるんだとか
↑また飛びこんだニックさん

TONY'S COLUMN

「温泉、癒し」

ハワイ州の住民はかなり健康的な暮らしをしている。心臓病や脳卒中率は低く、平均寿命は米国の中では最長（女性は80才前後、男性は75才前後）だ。健康の秘訣はまず良い病院が多いことだそうだが、人々の生活習慣も米国当局や研究者に評価されている。そして統計には出てこないが、「アロハ精神」も関係しているのではないだろうか。アメリカの各州には公式ニックネームがある。ナンバープレートに書かれているスローガンのようものがそれだ。ハワイは「アロハの州」になっている。実は「パイナップルの州」もニックネーム候補の一つだった。それも悪くないが、「Aloha State」でよかったという気がする。アロハとは「愛・思いやり」などを意味することだと、いつも人に説明するのはちょっと面倒かもしれないが、どうせ皆の目に触れるナンバープレートに何かを載せるのなら、食べ物よりは大切にしたい伝統的な価値観の方がいいだろう。州のニックネームに限っては、「団子より花」だ。

　ハワイ島の場合、地元住民の健康を支えているものとして環境が挙げられる。その中のひとつは、数々の天然温泉だ。ハワイ島東部、パホア近くのカポホとアハラヌイは特に有名なスポット。この辺りを車で走っていると、大小さまざまな池がある。これらは温泉が湧き出ている場所なのだ。水の温度は30〜35度の低温度。だからこそ長時間にわたり入っていられる。ということは、たとえば水中でマッサージをしたり、また、されたりすることも可能になるのだ。実際、セラピストは何人もいてハワイの伝統的なヒーリング（癒し）を行う人もいれば、チャクラ（エネルギーの中枢）を調整するようなコースもある。施術法はかなり種類があるので、後で驚くよりは内容をきちんと確かめた方がいいだろう。最後に、温泉そのものについてもう一言。バイ菌の感染を避けるよう、注意しよう。殺菌している施設もあるから、確かめておくといい。そうでない場合、なるべく民家から離れた、水がよく循環しているところを選ぶのが賢明だ。

ハワイ島に行くなら、有名な活火山キラウエアを間近に体験したい。ヘリコプターから見下ろしたり、車で溶岩の流れを追いかけたりした後に温泉に入り、違った形でマグマと接触するのもいい。

オーガニック・ファーム
広《ひろ》い敷地《しきち》にハーブというハーブがあります
オーナーはローエンさんとビジネス・パートナーのロンさん
私《わたし》はハワイアンなので州《しゅう》から年間《ねんかん》1ドルでこの土《と》地《ち》を借《か》りているんです
99年間のリース 50%以上ハワイアンの血が入っていることが条件
林《はやし》のように自然《しぜん》なゾーンも
見たことのない植物!!
1コの↑花びらがこんな
あれはサクラよ
サクラにしては根元から枝が分かれすぎでは…?
変化してきたのだろうか?

Honopua Farm（ツアーの問い合わせはP79のMerriman'sまで）

その夜《よる》には
いいかおり〜〜!!
おいしい「ポージー」でした
ちなみにローエンさんの夫ケンさんはクラッシック・カーを3台所有
これは1937年のビュイックだよ
自慢気〜〜
ハワイで映画などの撮影で必要なときは貸し出しているのだとか
犬

こぼればなし

ファーマーズ・マーケット

これいくらですか?
え〜と……
隣の店の人
2ドルよ
実はここを通りかかったらこの店の人に「ちょっとここに立ってて」って言われて…
用があったみたい
あ〜ときどきあるよねそういうこと
適当!
ホントか!?
「サワーソップ」という果物を買って食べた
おいしかった

オーガニック メリマンズ

Merriman's

65-1227 Opelo Rd., Kamuela (Waimea) TEL: 808-885-6822

パシフィック・リム・キュイジーヌはここから始まったと言われている

ラウハラ
ハワイの伝統工芸品《でんとうこうげいひん》
ラウハラ
パンダナス(ハワイ語でハラ)の
とても大きな葉っぱ(ラウ)で
編んだもの
三代目
オーナー
木村さん
トニーが
挑戦《ちょうせん》させてもらった
きっちり
編《あ》んでいくのは
なかなか難《むずか》しい
葉っぱ
取ってきます
ねー
スルッ
あっ
抜《ぬ》けた…
しーっ
そろそろ
この辺《へん》で
ホッチキス
使《つか》うんですか?
あはは
※もちろん
使いません

ここが「ピコ」だから…
「ピコ」って何《なん》ですか？
「始《はじ》まり」ですね あと「おへそ」
って意味も
「始《はじ》まり」と「へそ」…
そういえば人間《にんげん》は「へそ」から始《はじ》まるのかも知《し》れないなぁ
「へその緒《お》」だし「出産《しゅっさん》」が「始《はじ》まり」だし…
はい そこ通してー
こういうふうに編《あ》んでるものを考《かんが》えれば「始《はじ》まり」は「終《お》わり」の場所《ばしょ》でもあるんだねぇ…
うーむ
出発点は終着点
できた…
一笑
フフッ
トニーはこのお店《みせ》継《つ》げますかねぇ？
やってみてどうだった？
「人間《にんげん》はへそから生《う》まれてへそから死《し》ぬ」って考《かんが》えた
ど…どういう意味《いみ》…？

Kimura Lauhala Shop P.O. Box 32 Holualoa-Kona TEL: 808-324-0053

キラウエア 車で行く

キラウエア火山《かざん》へ車《くるま》でも行《い》ってみました
途中《とちゅう》オリのようなものが道路《どうろ》に
これは牛《うし》が逃《に》げないようにだよ
火山《かざん》の方《ほう》へ行《い》かないように…ではなく昔《むかし》はこの上《うえ》に牧場《ぼくじょう》があったのだとか
火山が休んでる間人間はここで生活してたんだもんねぇ
足が はまる
友人 リックさん
別《べつ》の日《ひ》もっと街《まち》の方《ほう》を移動《いどう》していたときも
この辺《へん》には昔《むかし》街《まち》があってね

この交差点《こうさてん》は
その街《まち》の中心《ちゅうしん》
だったんだよ
ええっ
本当《ほんとう》に
「のみこまれた」って
ことなんだ…
やっぱり自然《しぜん》は
圧倒的《あっとうてき》に強《つよ》い
さて車《くるま》は昔《むかし》の火口《かこう》に
到着《とうちゃく》
ふと
見《み》ると
男たちは
同じ
格好
人は自分の前に
15センチくらいの
段差があると
足をかけるなぁ
転ばないようにという
本能なのか
それから
溶岩《ようがん》が
固《かた》まった場所《ばしょ》へ

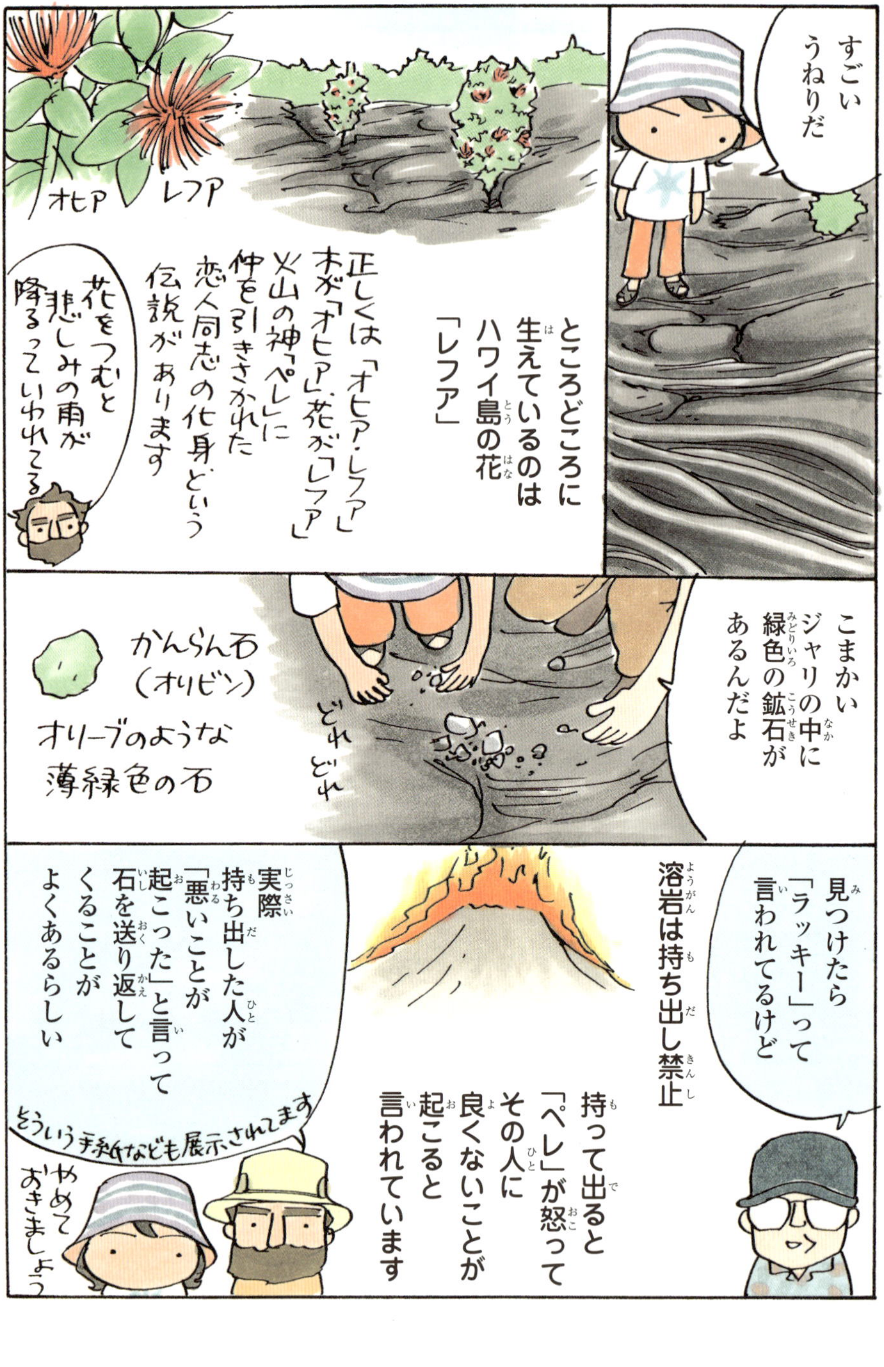
すごい うねりだ
オヒア
レフア
ところどころに生《は》えているのはハワイ島《とう》の花《はな》「レフア」
正しくは「オヒア・レフア」木が「オヒア」、花が「レフア」
火山の神「ペレ」に仲を引きさかれた恋人同志の化身という伝説があります
花をつむと悲しみの雨が降るっていわれてる
こまかいジャリの中《なか》に緑色《みどりいろ》の鉱石《こうせき》があるんだよ
どれどれ
かんらん石（オリビン）
オリーブのような薄緑色の石
見《み》つけたら「ラッキー」って言《い》われてるけど
溶岩《ようがん》は持《も》ち出《だ》し禁止《きんし》
持《も》って出《で》ると「ペレ」が怒《おこ》ってその人《ひと》に良《よ》くないことが起《お》こると言《い》われています
実際《じっさい》持《も》ち出《だ》した人《ひと》が「悪《わる》いことが起《お》こった」と言《い》って石《いし》を送《おく》り返《かえ》してくることがよくあるらしい
そういう手紙なども展示されてます
やめておきましょう

でも
ボクの家《いえ》には
この石《いし》が
あるんだよ
なんで？
家《いえ》を建《た》てたとき
庭《にわ》に入《い》れてもらった
ジャリの中《なか》に
いくつか入《はい》ってるのを
発見《はっけん》したんだ
へー
ラッキー
だなあ
私《わたし》も見《み》つけて
みよう
と探《さが》し始《はじ》めたとき
びゅ〜う
あっ
コロ
コロ
コロ
待って〜
だだだっ
だから
言《い》ったでしょ？
ありがと〜
はい
えへ

ヒモ!!
帽子《ぼうし》にはヒモがついてないとダメなの!!
この帽子《ぼうし》はアホに見《み》えるかも知《し》れないけど!! 飛《と》ばないの!!
ぎゅ
うぅっ
ええ ええ…
でもホントにアホに見え…
ねぇ リック
ああ ヒモか 画鋲《がびょう》だね
意外とキビしいキャラ…?
溶岩《ようがん》がまだ温《あたた》かい地点《ちてん》にも行《い》けますが有毒《ゆうどく》ガスが発生《はっせい》していたりしますので気《き》をつけて
多くの場所に注意の看板があります
石は見つけられなかったけど溶岩のうねりだけでも面白かったです
トニーは母が帽子を買うときも
ヒモですよ! お義母さん ヒモ!!
私 この麦ワラがいいわー♡
この親子は!!
ヒモなし!

ヨット・クラブ
ハワイ島《とう》にはヨット・クラブがある
でもヨットはないんだ
リックさんは理事だったこともある
え?ヨットないの?
ハハッないんだよー
…この辺《へん》には何十年《なんじゅうねん》か前《まえ》に津波《つなみ》が来《き》てねぇ…
ああそれでヨットも壊《こわ》れて…?
いやヨットはもともとないよ
どういうこと!?
いやーなんか「ヨット」はないけど「ヨット・クラブ」は欲《ほ》しいよねーってことで…
作ったみたいだよ
それで会員《かいいん》400人《にん》だという
テニスコートはある…
ヨットがないからテニスをて、じゃあテニス・クラブでいいのではないのか…

ローカル・エアライン
ハワイの航空会社《こうくうがいしゃ》は人間味《にんげんみ》にあふれている
飛行機《ひこうき》に乗《の》るとき最後尾《さいこうび》に並《なら》んでいてふり返《かえ》ると…
もしかしてあなた機長《きちょう》さん？
そうです
最後《さいご》に乗《の》っても誰《だれ》もボクの席《せき》をとらないから大丈夫《だいじょうぶ》なんだ
ハハハッ
とられたら恐い
また別《べつ》のとき
GATE 10
ランチらしきものを持って搭乗口に入る乗務員
機長《きちょう》かな？
いやー彼《かれ》は副機長《ふくきちょう》で機長《きちょう》の使《つか》い走《ばし》りだったりして
乗《の》るときに操縦席《そうじゅうせき》が見《み》えた
機長読書中

自分のランチだった
おっ副機長《ふくきちょう》はあたってたね
ほかにも
涙《なみだ》の別《わか》れあり
いってくるよ
ダディー
機内《きない》から乗客《じょうきゃく》が降《お》りるときの客室乗務員《きゃくしつじょうむいん》は
センキュー!
リラ〜ックス〜
空港《くうこう》には
フツーのチェック・インと「クイック」チェック・インがある
今日《きょう》はどっちも混《こ》んでるけど…「クイック」の方《ほう》が早《はや》いかな?
と問《と》えば
賭《か》けてみるかい?
係員
何ともいえんがね
ついでに前《まえ》に並《なら》んでいる客《きゃく》とも
それゴルフ・クラブ?それともトロンボーン?
ゴルフ・クラブだけどねトロンボーンにすりゃ良《よ》かったよ
いちいち楽しそうな会話だね
空港《くうこう》の外《そと》でも
踊《おど》る交通整理《こうつうせいり》の人《ひと》あり
Go!

ロコフード プカプカ・キッチン

PUKA PUKA KITCHEN

270 Kamehameha Ave., Hilo　TEL: 808-933-2121

野菜をたくさん食べられるのが嬉しい

マグロソテー
$8.75
野菜カレーサラダ付
$6.50
麦茶
Cold Barly tea
$1.00
量も多過ぎずちょうどいい感じ

ロコフード ライアンズ・レストラン＆オカズヤ

Ryan's Restaurant & Okazuya

399 E. Kawili St., Hilo　TEL: 808-933-1335

朝ごはんやBENTOなど地域密着型

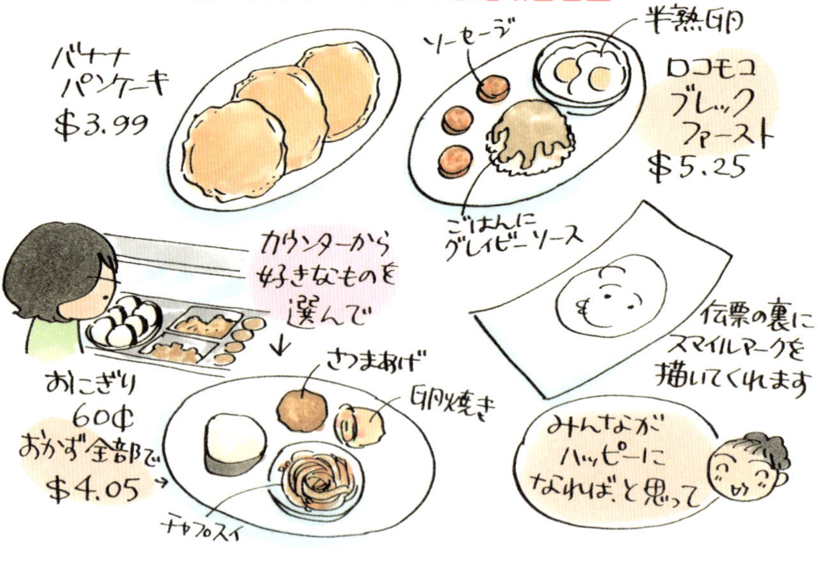

バナナパンケーキ
$3.99
ソーセージ
半熟卵
ロコモコブレックファースト
$5.25
ごはんにグレイビーソース
カウンターから好きなものを選んで
さつまあげ
卵焼き
おにぎり
60¢
おかず全部で
$4.05
チャプスイ
伝票の裏にスマイルマークを描いてくれます
みんながハッピーになればと思って

★ KAUA'I

カウアイ島

緑が多く、のんびり自然と遊べる島

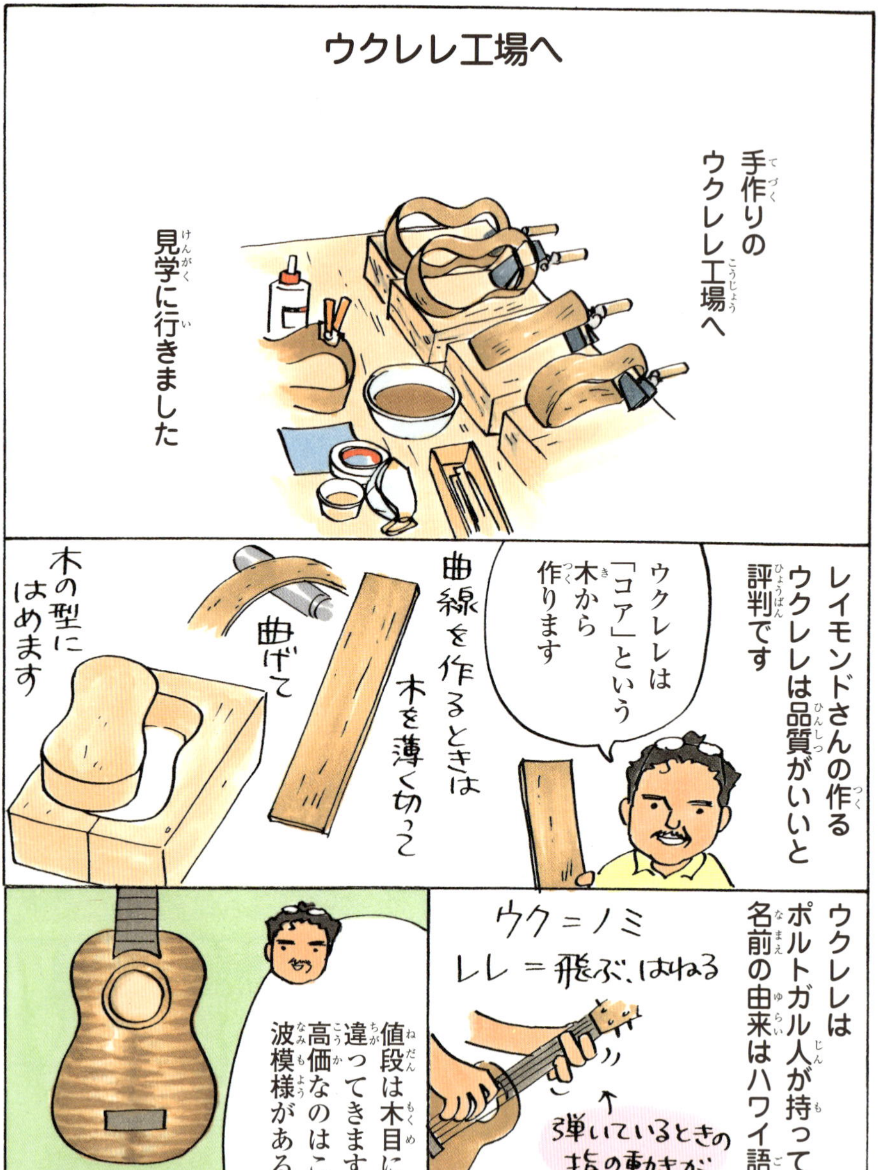
ウクレレ工場へ
手作《てづく》りの
ウクレレ工場《こうじょう》へ
見学《けんがく》に行《い》きました
レイモンドさんの作《つく》る
ウクレレは品質《ひんしつ》がいいと
評判《ひょうばん》です
ウクレレは
「コア」という
木《き》から
作《つく》ります
曲線を作るときは
木を薄く切って
曲げて
木の型に
はめます
ウクレレは
ポルトガル人《じん》が持《も》ってきたもの
名前《なまえ》の由来《ゆらい》はハワイ語《ご》で
ウク＝ノミ
レレ＝飛ぶ、はねる
弾いているときの
指の動きが
ノミがはねているようだから
値段《ねだん》は木目《もくめ》によって
違《ちが》ってきます
高価《こうか》なのはこういう
波模様《なみもよう》があるもの
フルカール
（波）
デラックス

Island Ukulele of Kauai URL: www.koaukulele.com

こぼればなし

コンビニ探訪《たんぼう》

ホクレア号

昔の船を復元して
昔の航路をたどっているホクレア号
基本は「木と縄」一本のクギも使われてないとか
船の端は船員のベッド
大きな若者には狭そう
すぐお隣り
船長のベッドはないのよ
船員
船長の「物入れ」はあり
船長は寝ないっていうね でもどこかでうたた寝くらいはするんじゃないかなぁ…
キッチン
缶詰のほか魚を釣って食べる毎日
貯蔵庫
Kapu na Keiki
ソーラーシステムは搭載

TONY'S COLUMN

「ホクレア号」

僕たちがちょうどカウアイ島にいる間、「ホクレア号」が入港するという嬉しい情報が入った。ホクレア号は、１９７５年に復元された古代ポリネシアの帆船である。翌年には近代的な技術を使わず、天体の位置や波の形などを頼りに航路を決めるという伝統的な航海法で、ハワイ・タヒチ間の航海に見事成功。以降、この帆船は太平洋各地への旅を続けている。

このホクレア号をぜひ見に行きたいと思い、港に車を走らせた。僕たちが港に着いたのは夕方ということもあって、残念ながら責任者は留守。肩を落としながら船に近づくと、船内からひとりの船員が現れ、「乗ってみる?」と声をかけてくれた。なんて幸運なんだと思うと同時に、格好悪く足を滑らせ海に落ちないように気をつけながら乗り込んだ。

留守番役として船に残っていたのは3人の若者で、甲板の上にはバナナやオレンジがあちらこちらにぶらさがり、また洗濯物もかけてあって、実に生活感が溢れている。帆船なので、内部には当然エンジンはない。ラジオはあるが、そのための電力は船の後部に設置してあるソーラーパネルで供給しているらしい。

乗組員には就寝のためのスペースが与えられている。個室といえるほどのものではなく、隣の人とは、ちょっとした布で区切られているだけだ。いびきのうるさい人がひとりでもいれば、きっと全員が迷惑するに違いない（そしてきっと、端っこのスペースが一番静かで一番人気なのだろう）。興味深いことに、船長と航海士の部屋はない。この二人は横になって眠ることはないという。ホクレア号はハワイからタヒチまでの処女航海で、確か33日もかかった。また遠洋に出ると、何週間何十日も航海するはずだ。ずっと起きていられるというのか？　「へぇ」と言わせられる話だが、自分の目で見て検証したくなる話でもある。

彼らはカウアイ島にちょっと寄ってから、すぐにホノルルへと航海すると言う。「僕たちも、次はオアフに行くから乗せてもらえないだろうか。帆を上げたり下げたり、漕いだりもしますから……」などとは図々しいにもほどがあり、頼むわけにはいかなかった。

バナナ・ジョー

大人気《だいにんき》のフルーツ・スタンド「バナナ・ジョー」へ
OPEN
FRUIT STAND
POI
なんといってもここの売《う》りはスムージーとフロスティ
フロスティ
フローズン アイス
オーナー ジョーさん
バナナをベースに旬《しゅん》のもので一種類《いっしゅるい》ずつ出《だ》してるよ
私《わたし》たちが行《い》ったときはバナナ＋マンゴー＋パイナップル
トニーが私《わたし》たちにスムージーを作《つく》ってくれることに
娘さんと その BF が お手伝い中
果物《くだもの》を切《き》ってジューサーへ
これで大丈夫《だいじょうぶ》かな？
バナナが凍らせてあるので氷は使わない

これくらい？
House pour！
もうきみを雇《やと》ったよ!!
ほ…ほめ上手…
↑これ…どういう意味《いみ》？
ボクも初《はじ》めて聞《き》いたけど…“職人風《しょくにんふう》に気前良《きまえよ》く”みたいな感《かん》じかな
あえて多く出すっていうような
そして外《そと》のテラスへ
ジョーさんおもむろに
ミタカ…
三鷹《みたか》!?
ジブリ・ミュージアム
あー日本《にほん》に行《い》ったときの写真《しゃしん》だぁ
これはおいしかったラーメン屋のマーク
彼《かれ》は2年《ねん》ほど前《まえ》に日本《にほん》に旅行《りょこう》したらしい

ジョーさんのお父《とう》さん
トムさんも登場《とうじょう》
日本《にほん》から…
ですか？
↑日本語
写真
いいですか…？
大学生《だいがくせい》のとき
日本語《にほんご》を覚《おぼ》え
戦後《せんご》しばらく
日本《にほん》にいたとか
でも…女《おんな》の
先生《せんせい》…ですから
女《おんな》らしい言葉《ことば》に
…なりました
発音《はつおん》も…
→日本語!!
好《す》きな漢字《かんじ》は
ありますか？
うーん…
「タイガー」かな
…でも
好《す》きと言《い》うより
今《いま》でも書《か》ける
字《じ》を書《か》いて
みましょう
↑英語
書《か》いてくれたのがこれ
ケンカの
言葉《ことば》とか
覚《おぼ》えてますか？
「なにを
ぐずぐず
しとるか！」
ラ行が
むつかしいね
ここでは
ホワイト・パイナップルも
いただいた
一般的な
ゴールデン
ホワイト
ホワイトは
外見も少し
白っぽい

ホワイトはあまり酸《す》っぱさがないね
この黄色いの甘酸っぱくてバランスがいい!!
黄色い方が好きかな
パイナップルは冬《ふゆ》より夏《なつ》の方《ほう》が甘《あま》いんだよ
BANANA JOE'S
トムさんは優《やさ》しく見送《みおく》ってくれました
お大事《だいじ》に…
お元気で!

こぼればなし

トニーの回想《かいそう》

カメがいるっていうから覚悟はしてたんだけどねえ…
シュノーケリングでは下に気をつけてるんだよね
ウニやウツボがいるから

横を見たらカメが!!
目があった!

どこのカメもビニール飲みこんだりして病んでてかわいそう これ以上ストレスを与えたくないなあ…
ふたつの気持ち
下にいるものは危ないけど横にいるものがこっちに来たらどうなるのかはわからないな
キバはないだろうけどもし…「キラーカメ」だったら…
いつまでも揺れ動いたという…

ハワイ島ではカメ、
カウアイ島ではヒラメやフグ、ナポレオンフィッシュが見られた
どっちもビーチから近い地点なので
オススメ!

Banana Joe's Fruit Stand　5-2719 Kuhio Hwy., Kilauea　TEL: 808-828-1092

サイミン ハムラズ・サイミン

Hamura's Saimin

2956 Kress St., Lihue　TEL: 808-245-3271

牛丼屋さんのようなカウンターはいつも満席

シュリンプ サイミン
$5.50
サイミン
スモール
$3.75
バーベキュー ビーフ& チキン
$1.25
ウドン
$4.25
リリコイパイ
$2.00
関西風で おいしい！

メニューと一緒に 書いてあるのは
PLEASE DO NOT STICK GUM UNDER COUNTER, THANK YOU
チューインガムをカウンターの下に くっつけないでください
面白い

アイスクリーム ラパーツ

Lappert's

5424 Koloa Rd., Koloa　TEL: 808-742-1272

カウアイ島から始まり、本土に広まったお店

ダブル $5.60
シングル
$3.50
コナ・コーヒー味が
ハワイらしくて
オススメ!
女子チームは
シングルを
頼んだ
コーディネーター
みのりさん
ふと見ると 男たちは
ダブル

カフェ カラヘオ・コーヒー&カフェ

Kalaheo Coffee Co. & Café

2-2436 Kaumualii Hwy., #A-2 Kalaheo　TEL: 808-332-5858

健康的でカジュアルなランチが人気

ランチ
スペシャル
$10.95
日替り
スープ
アボカドと
ベジタブルサンド
$5.25
グリル豆腐と
なすサンド
$7.75

サーフィン
サーフィンのレッスンを受《う》けてみることにしました
※ワタクシ、できません あくまでイメージ…
そんな男ふたり
四十路
生まれて初めて→
ウィンドサーフィン「レッスン」経験あり→
説明《せつめい》を受《う》けて早速《さっそく》ビーチへ
ぶっちぎりの最年長コンビ
スタートするときはインストラクターが押《お》してくれる
様子をうかがうふたり
いけーっ
トニー
2本《ほん》ほどやってみたが立《た》てず
ジャボ

陸《りく》で
イメージ・
トレーニング
その直後《ちょくご》の
一本《いっぽん》で
立《た》った!!
イメ・トレの成果か!?
その後《あと》
落《お》ちたとしても
ジャボッ
そして
しばらくすると
引退《いんたい》
します…
悔やしいけれども
年を感じます…
引退宣言
エディは
何本《なんぼん》かの後《あと》
立《た》てるようになり
ガンガンこなす
そして最後《さいご》に
ビッグ・
ウェーブが!!
あわてているのが
遠くからでもわかる
乗《の》った!!

が
激突!!
疲《つか》れた…
足打ったし
頭《あたま》と手《て》を上《あ》げ続《つづ》けるのがそもそもつらいね
でもエディバンバンいってたじゃん
いやーなにが楽《たの》しいんだろう…あれ海《うみ》から陸《りく》に進《すす》むだけだし
…どういう人なのか

こぼればなし

スーパーにて

めずらしいサルサを発見
サルサ、すくいやすくなっております
チップスは「スクィーズ」1袋 $2.99
マンゴービーンズサルサ $2.99
甘過ぎず、おいしい!
All Whites
「卵の白身のみ」が売ってます
しかも数種類
お義母さんカゴは頭に乗せると楽に運べるんだけど
あ〜そーお?
ここではやめておこうか
皮むきでーR!
ダジャレは海を渡っていた…

イタリアン カーサ・ディ・アミチ

CASA DI AMICI

2301 Nalo Rd., Koloa　TEL: 808-742-1555

住宅街にあるおオシャレな雰囲気のお店

イカのフリット
$10.00
パエリヤ
リゾット
$25.00
あひるの
コンフィ
ライト$17.00
レギュラー$23.00
エビとパスタの
ロブスター・
ソース
$23.00
デザート
Baked
"Hawaii"
$7.00
本当の名前は
ブラックタイガーエビの
サフラン・オレンジ・ロブスター・ソースと
フレッシュ・トマトと…と延々
材料名が続きます

残ったものを
包んで
もらうと
アルミ
ホイル
白鳥にしてくれたり
します
が
私たちのテーブルのは
普通だったので
私が
ウサギに
してみました
すると
トニーが
何かを
置いて
そっ…
夫婦の合作……

タイルに絵を描く
オリジナルのタイルやお皿《さら》を製作販売《せいさくはんばい》している「バナナ・パッチ・スタジオ」
ここでタイルに絵《え》を描《か》かせてもらいました
工房
お店
まず下絵《したえ》を考《かんが》える
…亀《かめ》にしようかな小さく2匹
うーん
びくっ
ああ絵《え》が小《ちい》さい方《ほう》がアラが目立《めだ》たないしいいかも
ゴシゴシゴシ
消せ消せ
えっトニーなに描《か》いてたの？
葉《は》っぱねいいじゃない

…考《かんが》えてる
と思《おも》ったら
窓《まど》の外《そと》を見《み》てた
だけだったのか
ゲ
なんかねー
具象《ぐしょう》より
抽象《ちゅうしょう》の方《ほう》が
失敗《しっぱい》しないいん
だよねー
何度《なんど》か仕事《しごと》でいろんなものを
作《つく》った経験《けいけん》（失敗《しっぱい》）により
なにかを学《まな》んでいる…!!
いかーーん
トニーそんな
慎重《しんちょう》になっちゃ
ものを作《つく》るの
面白《おもしろ》くないじゃない
もっと自由《じゆう》にさ!!
失敗《しっぱい》を恐《おそ》れず!!
勇気を持って!!
ねっ
なんとか下絵完成《したえかんせい》
次《つぎ》は描《か》くと
盛《も》り上《あ》がる
白《しろ》い画材《がざい》で
アウトラインを
描《か》く練習《れんしゅう》
けっこう
できてるね
まぁこれは
ケーキに
アイシング
かけるのと
同《おな》じだねぇ
…ってそれやったこと
あるんだろうか
…丸《まる》を
描《か》くとなると
話《はなし》が違《ちが》って
くるんだけど
ねぇ
角度によって
切れたり
つぶれたり

そして線《せん》が盛《も》り上《あ》がるので
絵が小さいとすごく描きにくい…
削ってやり直せるけどなかなか
ホントだね ごめんね エディ
最後《さいご》に色《いろ》づけ
焼《や》き上《あ》がりの色見本《いろみほん》を参考《さんこう》にして塗《ぬ》っていく
トニーは結局《けっきょく》亀《かめ》にしたのだが
このバック黒《くろ》にしようかなー
焼くと青色
茶色
ええっ
なんでまた黒《くろ》!?
ほかの色も濃いのに
ひょっとしてなんか悩《なや》みでもあるの?
あるなら言って
あれ? そんなにダメ?
んー…
オーナー ジョアンナさん
スタッフ ヨシコさん
黒《くろ》…ねえ…
実《じつ》は
何《なに》かひとつインパクトのあることをやっとくとほかのアラが目立《めだ》たない…という作戦《さくせん》
まあ黒もシブくていいと思ったんだけどなー
またそんな防衛策を…

できたー
予定時間《よていじかん》をオーバーして完成《かんせい》
数日後《すうじつご》焼《や》き上《あ》がりを受《う》け取《と》りに
キレイな色出てますよ
TL'05
失敗が目立たない…よかった
あなたはここで雇《やと》えるわ
おっ
カウアイ島《とう》に移住《いじゅう》してもやっていけそうです
エディ作
奥さまへ
Love
T.I

こぼればなし
カウアイ郡長《ぐんちょう》に会《あ》う
どうやって知りあったんですか?
郡長になれそめを聞かれるとは…
彼のひとめボレって言っときました
今回は木箱入り
おみやげはまたしても郡長名入りボールペン
どこでもこれに統一されているのか!?

Banana Patch Studio Gallery - Kong Lung Center, Kilauea TEL: 808-828-6522 Studio - Hanapepe TEL: 808-335-5944

ニイハウ島の人々
個人《こじん》が所有《しょゆう》しているニイハウ島《とう》
住民《じゅうみん》以外《いがい》は一部《いちぶ》のビーチにしか入《はい》れず
島民《とうみん》に話《はな》しかけることも禁止《きんし》されています
ヘリコプターでここにだけ着陸
昔《むかし》ながらの生活《せいかつ》を守《まも》っているらしいけど謎《なぞ》に包《つつ》まれてるね
でもほかの島《しま》に移住《いじゅう》してきてる人《ひと》たちとなら話《はなし》ができるんじゃないかな
そういう人《ひと》たちを探《さが》し始《はじ》めましたがニイハウ島《とう》とその島民《とうみん》に対《たい》しては誰《だれ》もが慎重《しんちょう》です
島に船で近づくのもあぶない
何でも先に許可をとらないとダメ
しかしやっと会《あ》える人《ひと》が見《み》つかって緊張《きんちょう》しつつお宅《たく》へ
カナヘレさんの家を探してるんですけど…
あっちの通り全部カナヘレさんだよ
コーディネーターアートさん
そんな大《おお》きなカナヘレ・ファミリー
中心はアネさん
ドナルドさん

電気《でんき》も水道《すいどう》も電話《でんわ》もない生活《せいかつ》って不便《ふべん》ではないんですか？
慣《な》れていれば大丈夫《だいじょうぶ》よ発電器《はつでんき》はあるけど料理《りょうり》やテレビのときくらいしか使《つか》わないわね
島民《とうみん》は出入《でい》り自由《じゆう》なので
お米とかはカウアイ島で買うものだし
ほかの島《しま》にもよく行《い》っているようだ
でも島内ではオサイフを持たない暮らしだとか
ちなみに麻薬《まやく》はもちろんタバコもだめだが
私《わたし》は吸《す》ってたな…
↑火事防止でもある
「島民《とうみん》との接触禁止《せっしょくきんし》」というのは…
それは島民《とうみん》の意思《いし》でもあります
しかし遠《とお》いところの話《はなし》として聞《き》いていたらいきなり
私《わたし》の祖父《そふ》は日本人《にほんじん》だよ
ええーっ
ほかの島《しま》からの移住《いじゅう》もほとんど許《ゆる》されてないのに!?
昔《むかし》特別《とくべつ》に許《ゆる》されて「タカハシ」さんと「シンタニ」さんが住《す》んでいたのだとか
祖父《そふ》はあまり日本《にほん》のこと話《はな》さなかったなぁでもアヤトリを習《なら》ったよ

えっ 見《み》たい
でもヒモ ないなー
そうだ クツのヒモを ほどこう
はい
んー…
できた
家
お孫《まご》さんたちがアカペラで 歌《うた》を聴《き》かせてくれた
親戚の人が 作ったという 賛美歌のような曲
ハモってて すごく うまい
あっドナルドさん さっきのヒモ 知《し》りませんか？
ヒモ？ わしゃ 知《し》らん なー
どこだろう
ああっ
あっ 首《くび》！ 首《くび》！
それから ニイハウ・シェル作《づく》りを 見《み》せてもらう
ニイハウ・シェルとは 島《しま》で取《と》れる貝《かい》で 作《つく》るアクセサリー 極小《ごくしょう》のものは 一本数十万円《いっぽんすうじゅうまんえん》
「宝石と同等」 とされています
カヘレ・ラニという作り方
2mmくらいの大きさ
これ以上 大きくならない 貝らしい
OMA OMAO オーマオーマオー
Makue マクエ
ulaula ウラウラ など

この貝《かい》ひとつずつに穴《あな》を開《あ》けていくの!?
とうとう
まず貝《かい》に挟《はさ》まってる石《いし》を掃除《そうじ》してから細《ほそ》い道具《どうぐ》で刺《さ》す
プッ
ああ割《わ》れた
どうしても時々《ときどき》は割《わ》れてしまう
これだけの量《りょう》をやるには気《き》の遠《とお》くなるような手間《てま》が…
高いのもうなづける
ねじってもキレイ
アネさんの中指《なかゆび》と親指《おやゆび》は固《かた》くなってへこんでいる
イヤリング作《つく》ってみる?
「モミ」という貝で「ダブル・ピカケ」という作り方
糸の真ん中に貝を通して
簡単《かんたん》そうに見《み》えてこれがなかなか…
真ん中にこない
カナヘレの人《ひと》たちは四《よっ》つも五《いつ》つも貝《かい》を通《とお》してしまってから器用《きよう》にふたつずつ結《むす》んでいく
女性はみんなできるようだ

そこに
ハーイ!!
また家族の方が
ホクアオさん
彼《かれ》はアネさんにフラ・ダンスや歌《うた》を習《なら》ったとか今は大会などで審査員も
教《おし》えるから一緒《いっしょ》に踊《おど》りましょう
ダンス…
えーとボクは一回《いっかい》見《み》てから
ダメ!!
ニイハウ島《とう》のフラ・ダンスはとてもソボクなもの
でも優雅で気持ちのいいものです
芝生にハダシで!
このお孫《まご》さんたちてっきりカウアイ島《とう》に住《す》んでいると思《おも》いきや
ニイハウ島《とう》に住《す》んでるんだよ今《いま》は親戚《しんせき》の結婚式《けっこんしき》で来《き》てるの
17才
「ニイハウの今」がここに!
でもカウアイ島《とう》にはよく買《か》いものしに来《く》るよ
どこに行《い》くの?

ショッピングモール！服《ふく》やゲームを買《か》うの
14才
日本の雑誌も見たりするよ
15才
あとKマートとか!!
10才
でも
ニイハウ島《とう》以外《いがい》の人と結婚《けっこん》すると島《しま》には住《す》めないから
結婚《けっこん》はしないで旅《たび》してまたニイハウ島《とう》に戻《もど》ってきたい
世界中《せかいじゅう》に旅行《りょこう》してみたいなー日本《にほん》にも…
うんうん
私たちにも日本の血が入ってるから日本人に興味あるし
ニイハウ島《とう》のこと大好《だいす》きなんだ…
私は誰と結婚してどこに住むのもオッケー!!
ニイハウ島《とう》のどこが好《す》き？
泳《およ》ぐの好《す》き海《うみ》がキレイだし
でも泳ぎはカウアイ島のプールで覚えたらしい
10才
貝《かい》を集《あつ》めるのも好《す》き
でも夕方《ゆうがた》貝《かい》を拾《ひろ》いに行《い》くと風《かぜ》が吹《ふ》いてきて気持《きも》ち良《よ》くなって砂浜《すなはま》で寝《ね》ちゃうの
なんちゅうのどかさ

そうだ あなたたちに アロハ・ネームを つけてあげる!!
ニイハウ島の人は英語とハワイ語のバイリンガル
あなたは「クー・プア」(私《わたし》の花《はな》)
あなたは「クー・アロハ」(私《わたし》の愛《あい》)
クー・プア…
クー・アロハ…
ちなみにエディは名前が「ツヨシ」なので「カナカ・イカイカ」(強い人)
どこかの名産品(イカ)のようだ
実《じつ》はこのとき アネさん夫婦《ふうふ》の 53周年記念《しゅうねんきねん》
なので 私《わたし》たちから ケーキを プレゼント
Aloha Forever
Happy 53nd
Anniversary
Donald and Ann
う〜ん 体には悪そう…
私からはイラストも
Donald
Annie
53
La Ho'omana'o
Hau'oli
ALOHA
ハワイ語
ホラ これ もらったわよ
んー? ああ ちょっと そこに 置《お》いといて
似顔絵
ケーキに夢中
アネさんは賛美歌《さんびか》も 作《つく》ります
ウクレレで
それを お孫《まご》さんたちと 歌《うた》ったCDも発売《はつばい》
時々《ときどき》 なにかが 降《お》りてくる みたいに 自然《しぜん》に できるの

そのCDやシェルのレイまでいただいて
日本語で
「来《き》てくれてありがとう!!」
コーディネイターのアートさんは常々《つねづね》
ボクはこの島《しま》が天国《てんごく》だと思《おも》って暮《く》らしているんだ
と言ってたけど
車《くるま》からの景色《けしき》を眺《なが》めながらアネさんたちの賛美歌《さんびか》を聴《き》いていると
ここは本当《ほんとう》に天国《てんごく》なのかも知《し》れないなと思《おも》った

こぼればなし

モンクシール

あちこちのビーチにモンクシール（あざらし）がお昼寝しに来ます
モンクシールが来ると張られるロープ
ゴッ
はっきり「ブリッ」と言いながら寝返りうってました
ゴロン
毎日来るからか誰にも見られてないときもあります
ま、そんなことおかまいなしですが

TONY'S COLUMN

「ニイハウ島とカナヘレ家族」

ニイハウ島は、世界中で最も取り残された場所のひとつといえるだろう。この島はハワイ諸島の中でも、生活条件がかなり厳しいところだ。年間を通し、雨が極端に少ないため土地が乾燥しており、タロや米をはじめ、多くの農作物が育たない不毛の地だ。干ばつになったら、全人口（多くても、おそらく1千人程度。現在は約２５０人と言われている）がカウアイ島に避難したということは、島の歴史上、何度もあったらしい。他の島に比べ、魚は捕れるものの港に恵まれていないので、18～19世紀にハワイで盛んだった捕鯨の経済とは無縁の島だった。

「禁断の島」とも呼ばれているニイハウ島は、「ロビンソン一家」が所有している。１８６３年にカメハメハ4世から、1万ドルで購入したニュージーランドからの移住者エリザベス・シンクレアの子孫だ。敬虔なカルビン派キリスト教徒の彼らは、島民に酒とタバコを禁じ、毎週日曜日には教会に通うことを義務づけた。その上、島外の人（たとえ親戚であっても）に対し、島への移住や訪問を禁止・制限し、島民同士の結婚を促した。各家に発電機はあるが電話も水道もなく、外界からは遮断されている。

「鎖国」が続いて約１４０年。孤立状態のおかげで、島民は日常ハワイ語を使い、島には古代から伝わるハワイの伝統文化が残っている。しかし最近では、ロビンソン一家が島内で運営していた工場が閉鎖され、島は「赤字経営」となっている。住民の生活を賄《まかな》っているロビンソンさんたちは、収入を増やすため、島民との接触のないヘリコプターによる自然観賞ツアーやサファリツアーを企画している。

この旅で、ニイハウ島からカウアイ島のワイメアへ移住したカナヘレ家族に会うことができた。彼ら「ニイハウ系カウアイ島民」は2島を船で自由に行き来できる。ニイハウ島の貴重なシェル・レイをカウアイ島で販売したり、島で身につけたフラや歌で生計を立てたりしている。今後、変化を一番避けてきたこの島に、大きな転機が訪れそうだ。ここ数年間の報道によれば、ニイハウ島の新たな収入源として、軍事施設の建設と観光の拡大が考えられている。島民は厳しい選択を迫られるが、ニイハウ島、カウアイ島の両島をまたいでいる人々が「ニイハウ文化」の継続と方向性を決める鍵になるような気がする。彼らの動きを暖かく見守りたい。

ボン・ダンス
ハワイの各島《かくとう》では
6〜8月《がつ》の週末《しゅうまつ》
いろんなお寺《てら》で
「ボン・ダンス（盆踊《ぼんおど》り）」が
催《もよお》されます
ワイメア東本願寺
住職
藤森さん
ボン・ダンスの写真《しゃしん》は
1934年《ねん》のものが
残《のこ》ってますから
その頃《ころ》にはすでに
あったということですね
盆踊《ぼんおど》りって
インドが
発祥《はっしょう》のよう
ですけど
へーえ
ここのボン・ダンスは
沖縄色《おきなわしょく》が強《つよ》い
沖縄《おきなわ》の太鼓《たいこ》の
実演《じつえん》があったり
沖縄民謡《おきなわみんよう》で踊《おど》ったり
↑
このとき
人は見てるだけ
しかしほとんどは
手つなぐし
まったく知らない曲ばっかり

Waimea East Hongwanji P.O. Box 149 Waimea TEL: 808-338-1847

セキュリティ・チェック
国内線《こくないせん》のセキュリティ・チェックにひっかかりますと
クツぬいで待《ま》ってて
ハダシ…
けっこう時間《じかん》がかかります
全身《ぜんしん》くまなくチェック
さらにバッグの内側《うちがわ》を白《しろ》いパッドでぬぐわれる
どうやら「硝煙反応《しょうえんはんのう》」を調《しら》べているらしい
火薬など持ってないか
普通《ふつう》に検査《けんさ》を通《とお》った人《ひと》も
クツはぬがされたよ
あっ
サンダルだとぬがされてない
次《つぎ》のときには
よーしこれで!!
我も!

サンダル
サンダル
OK
サンダ…
しかし大丈夫《だいじょうぶ》なときとダメなときがあります
そうでもぬいでね
「地《じ》べたにハダシ」がイヤな人《ひと》はクツ下《した》をはきましょう
またひっかかった…
どうやって選《えら》んでるんだろ
はっ
チケット半券
この「S」が怪《あや》しいね
INES
20A
ELECTRONIC
S
そうチケットに「S」とついていると詳《くわ》しく検査《けんさ》されるらしい
預《あず》ける荷物《にもつ》もカギをかけておくと壊《こわ》される可能性《かのうせい》があるのだとか
ダイヤル式のようにカギ内蔵タイプだと壊されたらもう使い物にならない…
スーパーなどでは
「当局《とうきょく》だけが開《あ》け方《かた》を知《し》っているカギ」が売《う》ってる
でもそれって相当《そうとう》な数《かず》の人《ひと》が知《し》ってるってことだから危険《きけん》もあるのでは
結局《けっきょく》カギはかけずに旅《たび》しました

ハワイキ

「ハワイ」のつづりは
正式には　Hawaiʻi

↑
このマークがあるところは
昔は「K」がありました

つまり
Hawaiki
ハワイキ
だったんですね

今「ʻ」マークは
小さい「ッ」と発音されるので
「ハワッイ」となります

今回お話を聞いた
ハワイ語学校
クウ先生の
発音だと
ハヴァッイ
のよう

「i」は2つあるけど
あまり伸ばさない

また、昔の数え方は「4進法」
4は聖なる数字でもあり
魚やタロ芋を指の間に
挟むと4つだから
だとか

「四捨五入」の基準が
「4」のようなもの
3、5などは4に近いし
7.9.10は4×2に近い
大ざっぱだけど

昔は「なにを
どれだけ持ってるか」は
あまり重要ではなくて
「誰なのか」が
大切だったという
ことでもあるんです

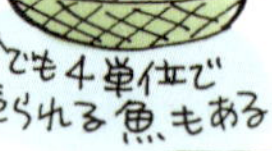

今でも4単位で
売られる魚もある

物々交換で
「ひと山」だと
40くらいか
80くらいかは
見ればわかる

36や37なんて数は
いらないの

★ OʻAHU

オアフ島

年間500万人が訪れるという、ハワイの中心地

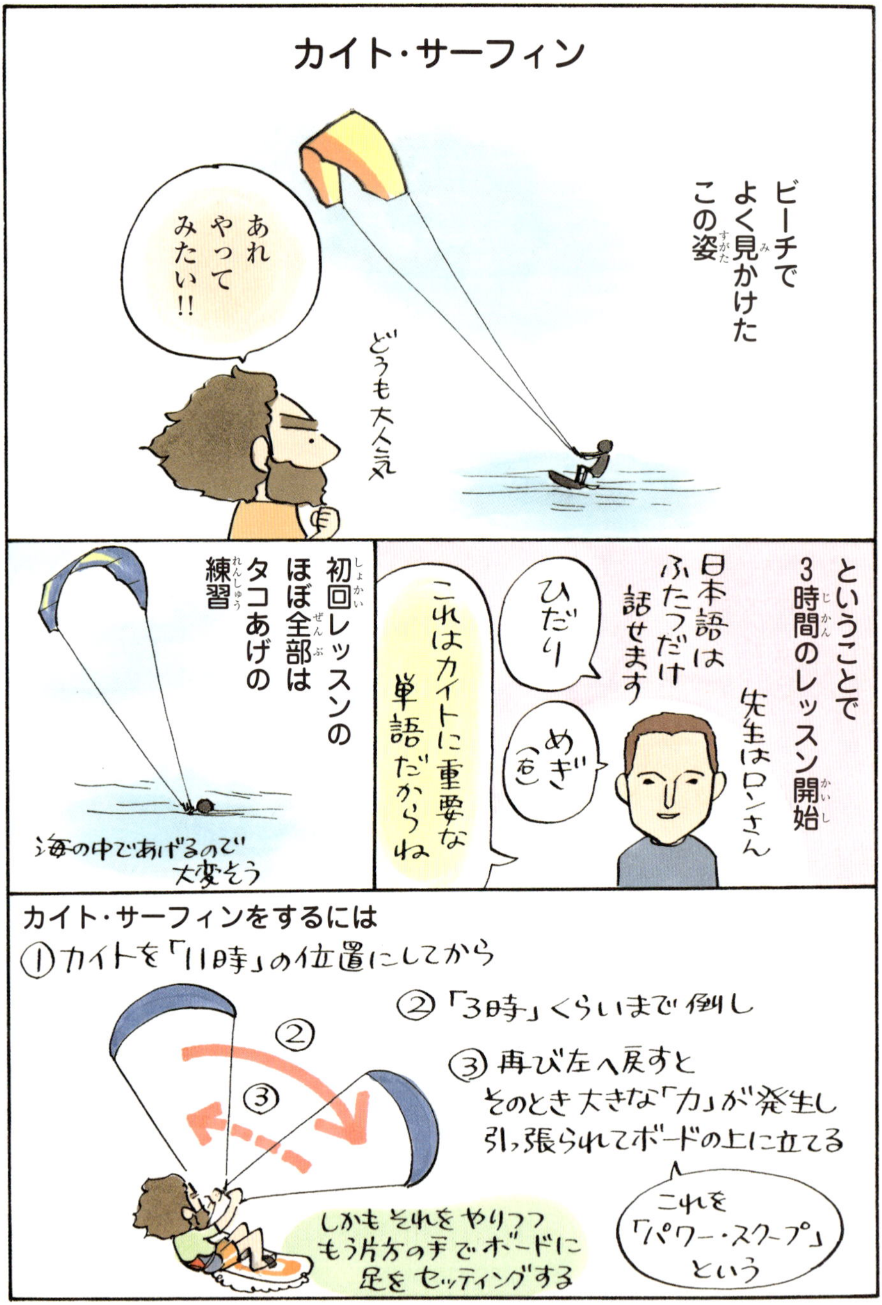
カイト・サーフィン
ビーチでよく見《み》かけたこの姿《すがた》
あれやってみたい!!
どうも大人気
というとで3時間《じかん》のレッスン開始《かいし》
先生はロンさん
日本語はふたつだけ話せます
ひだり
めぎ（右）
これはカイトに重要な単語だからね
初回《しょかい》レッスンのほぼ全部《ぜんぶ》はタコあげの練習《れんしゅう》
海の中であげるので大変そう
カイト・サーフィンをするには
①カイトを「11時」の位置にしてから
②「3時」くらいまで倒し
③再び左へ戻すと
そのとき大きな「力」が発生し
引っ張られてボードの上に立てる
②
③
これを「パワー・スクープ」という
しかもそれをやりつつもう片方の手でボードに足をセッティングする

陸《りく》でやってみると
ズズズ…
ホントにすごい力《ちから》
トニーは最後《さいご》に一度《いちど》だけボードを使《つか》うことに挑戦《ちょうせん》
ボクがやるところしっかり見《み》ててね
オレの生きざま見とけってヤツ?!
というセリフを残《のこ》し海《うみ》へ…
ロンさんがヘルプ
ボードはお尻にくっつけて
あいにく急《きゅう》に曇《くも》って風《かぜ》が弱《よわ》くなる中《なか》
あ――っ立《た》つ…!?
立《た》っ…
落《お》ちた!!
でも面白《おもしろ》い!!
またやりたいな
もう3時間《じかん》あれば立《た》てたんじゃないかな
カイトさえできればあとは早いよ
ホントかな…
ボードと一緒《いっしょ》に高《たか》く浮《う》き上《あ》がって宙返《ちゅうがえ》りする人《ひと》もいます

Kailua Sailboards & Kayaks Inc. 130 Kailua Rd., Kailua TEL: 808-262-2555

パラセーリング

パラセーリング…
船《ふね》から パラシュートで 高《たか》いところへ 飛《と》ばされるアレ ですね
今回《こんかい》は同時期《どうじき》に ハワイに来《き》ていた 兄夫婦《あにふうふ》にも やってもらった
まずは 船《ふね》で 沖《おき》へ
大音量で ポップな曲が
筋肉の男
船長
海《うみ》に 「ジャボン」 OK？
↑日本語
ノー ノー
ハハハ
冗談だよね？
？
海に 落ちるってこと？
いよいよ 離陸《りく》
イスではなく ペラッとしたベルト
フワッ
わー 気《き》持《も》ち い～い
おえ～ おっえ～

下《さ》げて！
下《さ》げて!!
おえっ
だめーっ
もっと
上《あ》げて!!
ワーワー
あれ「海《うみ》につけて」
って言《い》ってるん
じゃない？
違《ちが》うでしょう
…っていうか
「海《うみ》につける」って
本気《ほんき》なの？
もちろん！
つければ
いいのにね
つければ
さらに兄《あに》は船上《せんじょう》を見《み》て
なんで
エンジンの周《まわ》りに
みんなが!!
故障
死
おえ〜〜っ
しかし
生還《せいかん》
あかん…
あかんぞ…
海に
つけて
もらえば
よかったー
船《ふね》とつながっとるの
「ロープ」やなくて
あれは「糸《いと》」や…
そしてトニーとエディ
オレに
話しかけるな
オーラ
回想…
ボクにとっては
「楽《たの》しむ」
というより
「耐《た》える」だね
警戒《けいかい》も
覚悟《かくご》もいるし
危険性《きけんせい》も
考《かんが》えるべきだよ
新しい経験としては
面白いけど…
つまり
向いて
ない人

とにかく上《あ》がっていったが
楽《たの》しい？トニーさん
どうすかねぇねぇ
エディさん冷静《れいせい》に静《しず》かに
そして
ジャボンー
魚のエサになった気分
中で待ちかまえられてたらどうするのか
それでも
3ヶ所くらいで雨が降ってるね
ビーチ一望
最後《さいご》は特《とく》に深《ふか》くつかるサービス
もういいだろキャプテン
それを見《み》て笑《わら》うみんな
アハハハハ
サドだっみんなサドだよ!!
恐《こわ》かったり楽《たの》しかったり…でした
ちなみに船着き場の看版には
IF YOU ARE GROUCHY, IRRITABLE, OR JUST PLAIN MEAN, THERE WILL BE A $10 CHARGE JUST FOR PUTTING UP WITH YOU.
面白いねー
イライラしている など性格の悪い人は 手間代として10ドルプラスです

X-treme Parasail Slip A & E, Ala Moana Blvd., Honolulu TEL: 808-737-3599

ビュッフェ ザ・ウィローズ

The Willows

901 Hausten St., Honolulu TEL: 808- 952-9200

幅広い料理が楽しめるレストラン

料理は
この先の部屋
川があるテラスが
気持ちいい

ちょっとずつ
トライできる
ポキ
カルア・ピッグ
正式には
豚一頭を丸ごと
バナナの葉でくるみ
土の中で蒸し焼きに
したもの
ハウピア(ココナツ)の
ケーキなど
ポイ
ポツンと
置かれていた
豚の頭…合掌
ロースト・ビーフ
ハワイアンあり、アメリカンあり
焼きそばやカレーもあり…
なので便利です!
1人 $27.95

バーベキュー
今日《きょう》はビーチ近《ちか》くの公園《こうえん》でバーベキュー
コーディネーターマイクさんとジャネットさん
早速《さっそく》どっさりとお肉《にく》を焼《や》いておりますと
ジョニーさん
バチ バチ バチ
どこからかひとりのおじさんが
ちょっとちょっと
見《み》ちゃいられないなー 私《わたし》はこの辺《へん》でバーベキューして15年《ねん》になるけどね…
風向き
コンロが風《かぜ》を受《う》けすぎだ
バチ バチ バチ バチ
風向き
バーベキューの心得《こころえ》①
風《かぜ》をフタで防《ふせ》ぐ
風が強いと難しいらしい

それから 火《ひ》が強《つよ》すぎる 中《なか》まで火《ひ》が通《とお》らない うちにコゲちゃうぞ
ジュワワワ
それ おじさんの 飲んでたヤツだよね…
バーベキューの心得《こころえ》②
お肉《にく》は「火《ひ》」ではなく 「熱《ねつ》」で焼《や》く
炭が 熱くなったら 火を弱め フタをして 蒸し焼きに
焼《や》き上《あ》がった お肉《にく》は
柔《やわ》らかくて おいしい! 下《した》ごしらえが 効《き》いてるね
バーベキューの心得《こころえ》③
硬《かた》いお肉《にく》は 下《した》ごしらえを
フォークで 丹念に刺して 塩・コショーする
ビールと酢につけても 柔らかくなるとか
※ハワイでは公園などで ビールを飲むのは禁止です
ほかにも
ちょっと くれないか
公園を 掃除している というおじさん
あげると 去《さ》って 行《い》ったが
あの人《ひと》は いつもここに いるんだよ
ウェンデルさん
一度《いちど》戻《もど》って来《き》た
ソースも くれ
先《さき》のおじさんは すっかり場《ば》の一員《いちいん》に
記念写真まで 撮っている兄
ビーチ近くは よく人が 来ますよ
まぁ誰《だれ》が 来《き》てもいいように おいしく 焼《や》きましょう…

フェザー・レイ
花《はな》ではなく
鳥《とり》の羽根《はね》を使《つか》った
フェザー・レイ
長《なが》い間《あいだ》楽《たの》しめるので
人気《にんき》です
レッスンを受《う》ける
店内《てんない》には
色《いろ》とりどりの羽根《はね》
なんといってもすごいのは
オーナーの存在感《そんざいかん》
この道50年
アンティ・メリー・ルーさん
この方が
定位置にいて
この空間が
完成する
という感じ
後ろ
フェザー・レイは
本当《ほんとう》に時間《じかん》が
かかりますよ
1年《ねん》から3年《ねん》
5年《ねん》かかる人《ひと》も…
大《おお》きな「宿題《しゅくだい》」に
なります
大丈夫?
今日の先生は
オーナーの娘さん
ポーレットさん
頑張ります!
ボクは
不器用なので
簡単な
ヤツを…

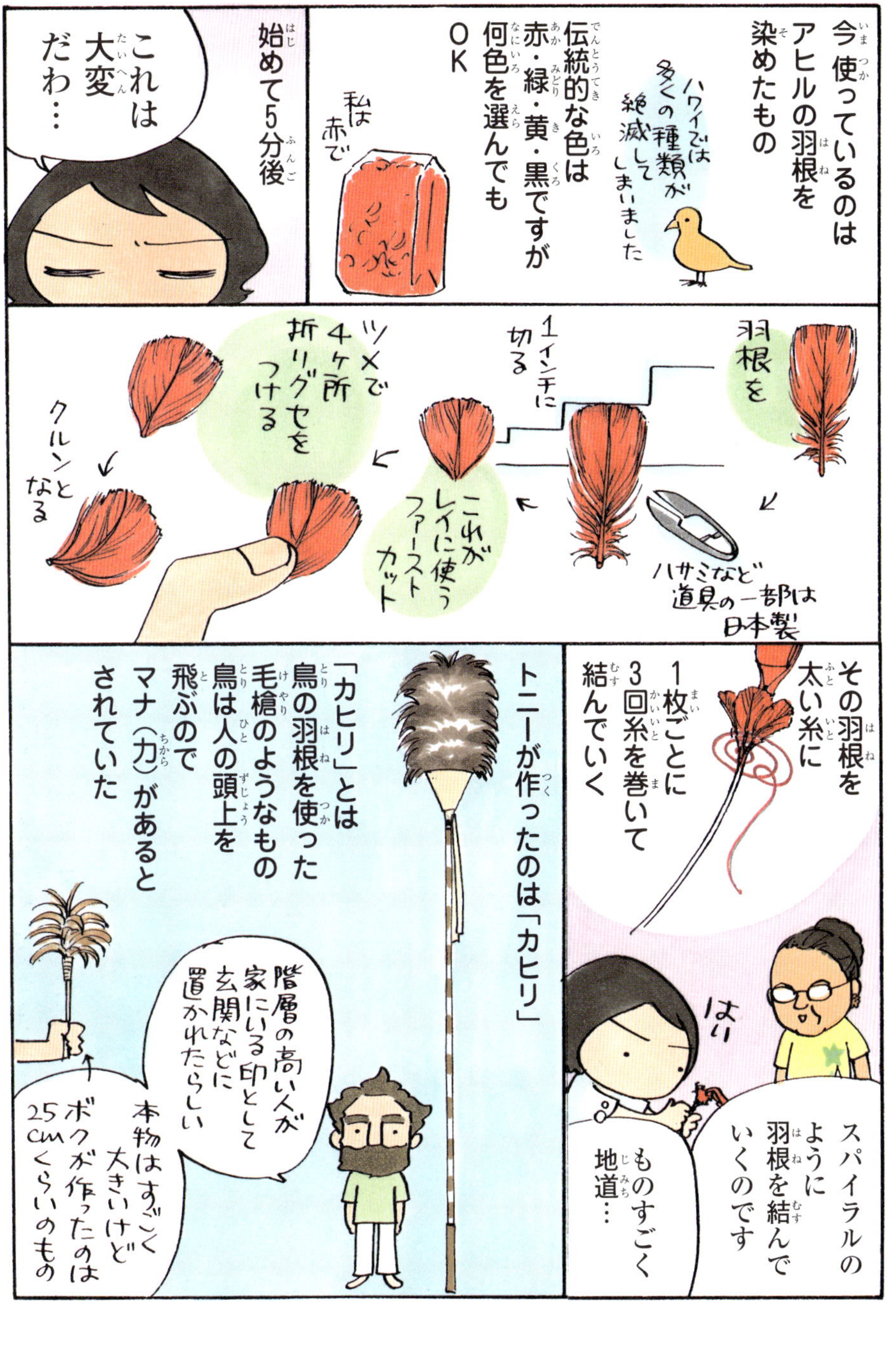

今《いま》使《つか》っているのはアヒルの羽根《はね》を染《そ》めたもの
ハワイでは多くの種類が絶滅してしまいました
伝統的《でんとうてき》な色《いろ》は赤《あか》・緑《みどり》・黄《き》・黒《くろ》ですが何色《なにいろ》を選《えら》んでもOK
私は赤で
始《はじ》めて5分後《ふんご》
これは大変《たいへん》だわ…
羽根を
1インチに切る
ハサミなど道具の一部は日本製
これがレイに使うファーストカット
ツメで4ケ所折リグセをつける
クルンとなる
その羽根《はね》を太《ふと》い糸《いと》に1枚《まい》ごとに3回糸《かいいと》を巻《ま》いて結《むす》んでいく
はい
スパイラルのように羽根《はね》を結《むす》んでいくのです
ものすごく地道《じみち》…
トニーが作《つく》ったのは「カヒリ」
「カヒリ」とは鳥《とり》の羽根《はね》を使《つか》った毛槍《けやり》のようなもの
鳥《とり》は人《ひと》の頭上《ずじょう》を飛《と》ぶのでマナ（力《ちから》）があるとされていた
階層の高い人が家にいる印として玄関などに置かれたらしい
本物はすごく大きいけどボクが作ったのは25cmくらいのもの

「カヒリ」に使《つか》うのはニワトリの羽根《はね》
すでにカーブしている
外向きに開くように巻いていく
トニーはとどこおりなく終了《しゅうりょう》
1時間以上《じかんいじょう》頑張《がんば》ったけどまだ2センチ…
カメハメハ王《おう》のクローク（マント）は作《つく》るのに100年以上《ねんいじょう》かかったとか
使った羽根は45万枚!!
しかも黒い鳥の一部しか生えてない黄色い羽根など
私のレイも王様と同じくらいかかるかも…
こぼればなし
トイレ考《こう》
友達と隣合わせだと気まずいほど下がガラあきなのは仕方ないとして…
よくあるペーパーホルダーがこれなのだが
自分にとって横向きについているため
大変取り出しにくい
そして取り出した紙が
細長くなってしまうのでたくさん使ってしまいがち!
なんとかしてほしい…
空港で検査するキビしい人が検査器具床に放り出してましたトイレの床に…

Na Lima Mili hulu No'eau (Feather Products & Classes) 762 Kapahulu Ave., Honolulu TEL: 808-732-0865

TONY'S COLUMN

「羽根の文化」

花のレイは、ほんの一瞬だけしか楽しむことができない。日本の桜と同じように儚《はかな》い美しさがある。シェル・レイは自然の貝から作られており、落としたり踏んだりしない限り長持ちする。そして羽根のレイ。シェル・レイほど頑丈ではないが、花ほどデリケートでもない。ちょうどその中間といったところか。

ポーレットさんの話によれば、羽根でレイやマント、そしてカヒリのようなものを作っているのはポリネシア圏ではハワイ人だけだ。だから、本当にハワイらしい民芸品を自分で作ってみたいという人にはお勧めである。

僕が作ったカヒリは、ニワトリの羽根でできている。カウアイ島には「ノラニワトリ」がいっぱい歩いている。数年前、ハリケーンが島を襲ったとき、闘鶏用に飼われていた鳥が大量に「解放」されたわけだ。レイ作りの歴史を見てみると、人々は鳥を殺さずに、鳥が落とした羽根を一本一本拾っていたとか。カウアイ島からオアフ島へ向かう旅行者は、カウアイ島で落ちている羽根を集めてポーレットさんのところに持って行ってみるという手もあるかもしれない。もしかしてそれは迷惑かな。ん…やるんだったら僕が提案したと言わずに、ね。

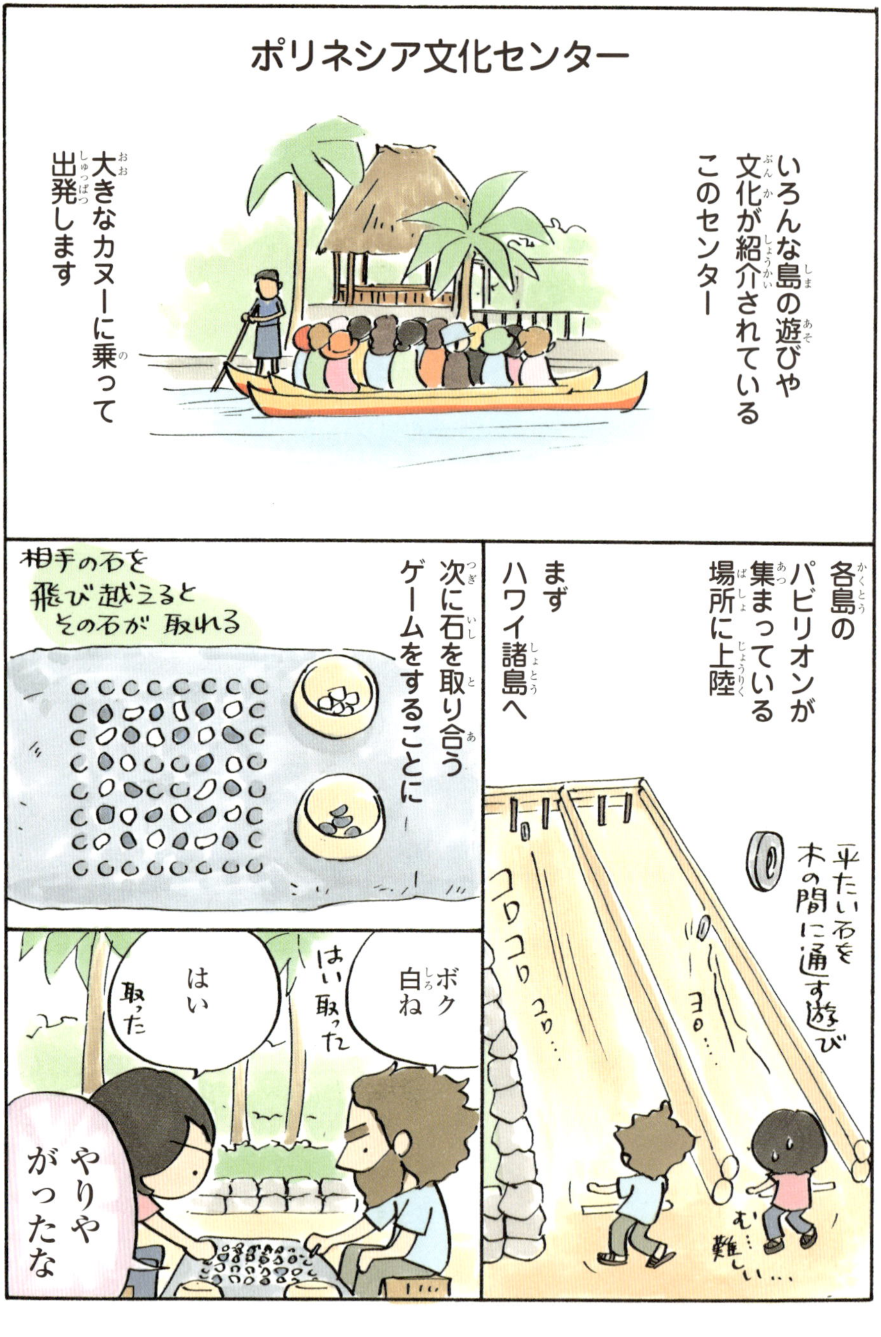
ポリネシア文化センター
いろんな島《しま》の遊《あそ》びや文化《ぶんか》が紹介《しょうかい》されているこのセンター
大《おお》きなカヌーに乗《の》って出発《しゅっぱつ》します
各島《かくとう》のパビリオンが集《あつ》まっている場所《ばしょ》に上陸《じょうりく》
まずハワイ諸島《しょとう》へ
平たい石を木の間に通す遊び
コロコロ
コロ…
コロ…
む…難しい…
次《つぎ》に石《いし》を取《と》り合《あ》うゲームをすることに
相手の石を飛び越えるとその石が取れる
ボク白《しろ》ね
はい取った
はい取った
やりやがったな

はい 2コ ジャンプして 2コ 取《と》った
なんだそりゃ
えっ そんなの OKなんだ
なんか私 ルール詳しくなくて 不利なんだ けどなー
英語で 説明を 聞いたため →
ま、いーや
はい 普通《ふつう》に 1コ
汚《きたな》いぞ！
言いたいだけ →
どこが!!
トニー優勢《ゆうせい》だったものの
あっ私《わたし》 今2コ取《と》って 同点《どうてん》だ
もうお互《たが》い 動《うご》かせる 石《いし》がないね これって どうなるん ですか？
最後《さいご》に石《いし》を 動《うご》かした人《ひと》の 勝《か》ちですよ
やったー
次《つぎ》はサモア諸島《しょとう》の 火起《ひお》こし体験《たいけん》
木を こすりあわせて ヤシの繊維を 乗せる
スタッフが やると 30秒くらいで 点火
ん〜〜
ガーッ

ふう…
うーん つかないなー
あ 煙《けむり》が
編集アベくん（ヤセ型）
マジで!!
がんばらねば!!
ガーッ
トニーのも煙《けむり》出《で》たっ
ガーッ
もう少《すこ》しっ
ガーッ
ポイッ
ダメだ!!
あーーっ もったいない!!
隣《となり》にあるステージで火《ひ》起《お》こし芸《げい》を見《み》せていた人《ひと》は
もうすぐ火着くよー
↓英語
「火《ひ》」のこと いろんな言語《げんご》で なんて言《い》うか 教《おし》えようか
ヤシ
日本語《にほんご》では
「ひ」!!
ドッ
ウケてた…
一音って面白いかも

そして目玉《めだま》である水上《すいじょう》ショーへ
カヌー上《じょう》で各島《かくとう》の伝統舞踊《でんとうぶよう》を披露《ひろう》
バンド小屋
カヌー
たまにこっちからも
15分前には席取りが始まるので早めに
迫力《はくりょく》あるダンスと歌《うた》
ものすごく揺れてる!!
船頭《せんどう》さんが落《お》ちるパフォーマンスもあり
ショーは夜もあります
ジャボ
ポイ・ボールにも挑戦《ちょうせん》
うっ
初心者はほぼ顔に激突
ボグ
できてないっすけど
足《あし》をこうするのがポイントだと思《おも》う
こぼればなし
英語字幕《えいごじまく》
テレビ画面に英語の字幕を設定できることがよくあります
GOOD MORNING
「画面設定」などを開き
CC (Closed Captioning)
という設定にしてみてください
英語の勉強に…

TONY'S COLUMN

「ポリネシア文化センターにて」

今まで催しものなどで「ポリネシアン・ショー」を何度か見たことがある。激しく腰を振る踊り。ウクレレをバックに美しいハーモニーが重なる甘い曲。迫力あるファイヤー・ショー。ポリネシア各地のいろんな芸が披露されるので、楽しい上にポリネシア圏全体の文化紹介にはなる。しかし、芸がごちゃ混ぜな状態だった場合もあって、僕の頭の中ではどこまでがハワイでどこからがタヒチか、はっきりしなかった。

「ポリネシア文化センター」はポリネシアのいろんな民族文化を楽しく、かつ忠実に表現している。ここで見せてもらえる数々のショーはエンターテインメント性が高いが、「文化センター」という名前の通り、文化を正確に伝えようともしている。園内はフィジー、サモア、ハワイ、トンガなどの「村」に区切られ、それらは運河でつながっている。歩いても移動できるが、僕たちは運河を航行する約30人乗りの小船で移動することに。

ひとり船尾に立ち櫂《かい》を持つ船頭は、航行中、軽妙なトークで水先を案内してくれた。「みなさん『アローハ！』と挨拶しようね」と乗客に語りかける。当然、僕らも「アローハ!!」と大声でご挨拶。すると船頭は、これから船がくぐるであろう低《ひく》い橋を指さして、「みんな、あれを見ろ。なんだと思う？　それ、アローブリッジ（a low bridge=背の低い橋※）だ。なんちゃってね」。こんなダジャレに乗客のほとんどが爆笑。大ウケしたのは、ジョークがうまいというよりは、多くの来客が「楽しみたい、笑いたい」というモードに入っていたからと思われる。言うなれば「いっぱい笑って入場料の元を取る」主義。

　各村では、バラエティに富んだ展示やショーなどが展開されている。多くのスタッフは学生で、ときには本当に遊びながら仕事しているという感じに見えた。懇切丁寧なサービスを期待する人には物足りないかもしれないが、僕には気楽で心地よかった。サモアの村では火起こしに挑戦。以前からこの技術は身につけたいと思っていた。まじめに取り組んだつもりだが、むなしいことに、最後まで火がつくことはなかった。

　これから先、停電になったときにライターもなく、マッチも濡れてしまって使えなくなるというような状況はまず生じないとは思う。でもなんとなく「危機管理」として、できるようになっておきたい。そのうち、また挑戦してみよう。

注釈※「alo-ha（アローハ）」と「a low bride（アローブリッジ）」をかけている。

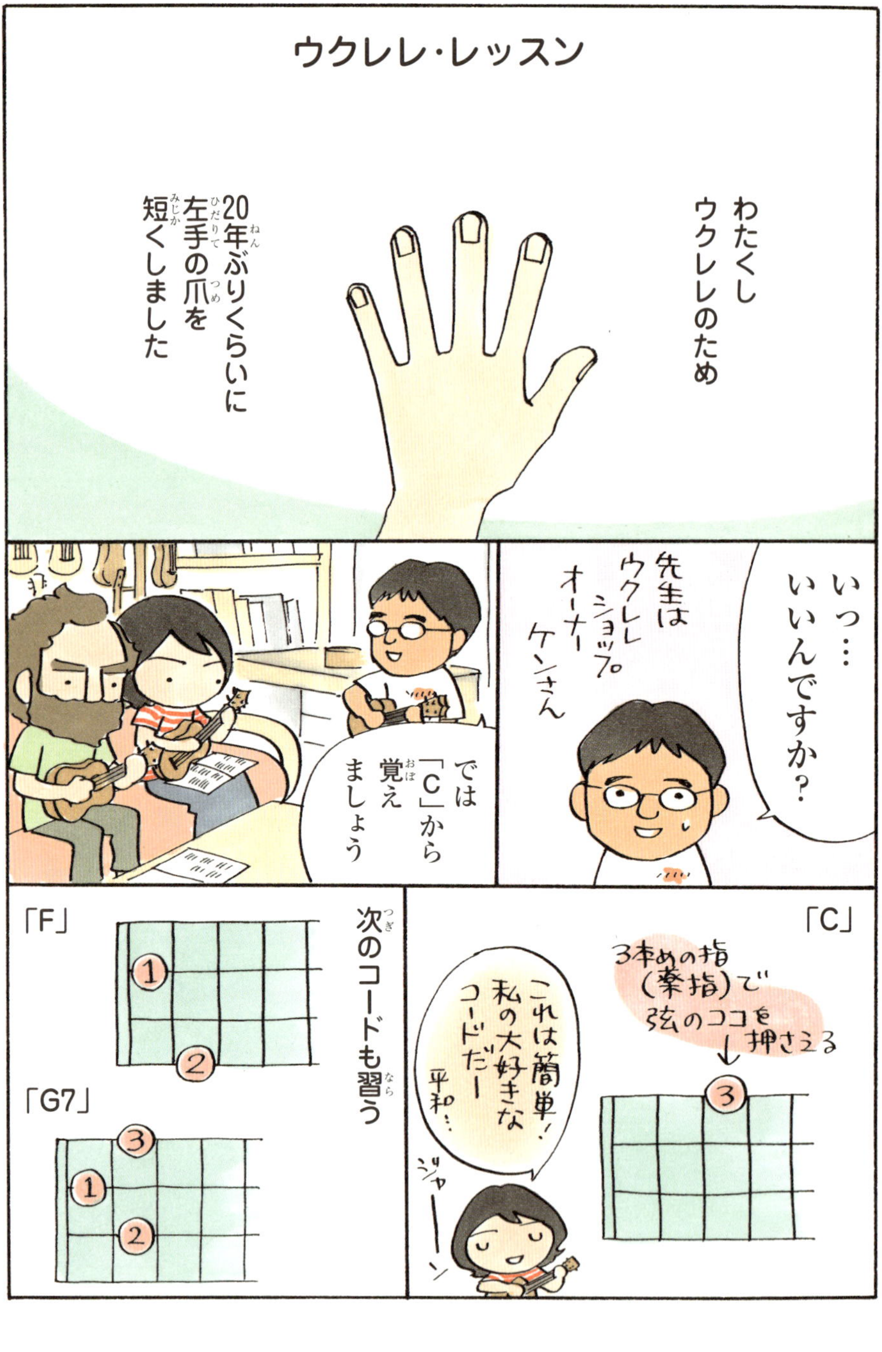
ウクレレ・レッスン
わたくし
ウクレレのため
20年《ねん》ぶりくらいに
左手《ひだりて》の爪《つめ》を
短《みじか》くしました
いっ…
いいんですか？
先生は
ウクレレ
ショップ
オーナー
ケンさん
では
「C」から
覚《おぼ》え
ましょう
「C」
3本めの指
(薬指)で
弦のココを
押さえる
③
これは簡単！
私の大好きな
コードだー
平和…
ジャーーン
次《つぎ》のコードも習《なら》う
「F」
①
②
「G7」
③
①
②

この「G7」がクセモノ
②と③が同《おな》じライン!? 同《おな》じ…!? んなバカな
この3つのコードを覚《おぼ》えるとできるのが「ハッピーバースデイ」
やってみましょう
コード3つでいい曲だったんですねー
この人は「G7」できてる↓
じゃあまず「C」
うんうん
ハッピーバース…
ここで「G7」に移《うつ》りまーす
移《うつ》れません先生《せんせい》!
さおり3つめの指《ゆび》を先《さき》に固定《こてい》するのよ
お義母《かあ》さん
同時期にハワイに来ていたトニー母
ちょっとやってみてお義母さんの方がうまそう
こうかしら
ジャーン
できてますねぇ
ピアノやバイオリンやってたみたいだしね
はっ
立つ瀬ない…
そうだ!ウクレレと言《い》えばやりたいことがあった!!

先生《せんせい》っ 私《わたし》
牧伸二《まきしんじ》に
なりたいです!!
ウクレレ漫談の帝王
あん〜あ〜あ〜あ
やんな〜〜っちゃーーった
えーと「あん あ〜あ」で「C」…と
そんなに難しくないですね
ジャーーン ジャカ ジャカ
ジャ… ジャカ ジャ…
先生《せんせい》 あんまり 簡単《かんたん》でも ない…
夢挫折
あれ そうですか
そのほかいろいろ習《なら》ったのだが
「G7」さえ なければ…
ジャー ジャー ジャカ ジャー
ジャン
ッピ バー デスー トゥ ユー
トニー 「G7」の 部分《ぶぶん》だけ 弾《ひ》いて くれない？
いいよ
できた〜
ジャカ ジャカ ジャカ ジャ
〜!!
最後の→ 景気づけの 部分
ここだけ 笑顔で 元気がいい

この店《みせ》でも私《わたし》たちがカウアイ島《とう》で行《い》った「アイランド・ウクレレ」を扱《あつか》っているという
いい品質《ひんしつ》ですよ音色《ねいろ》に特徴《とくちょう》がありますね
作《つく》ってる人《ひと》は弾《ひ》けないみたいですけど
えっ
弾《ひ》けないんですか!?
でも精密《せいみつ》に作《つく》られてるんじゃないかな
といっても少しは弾けるでしょう
ウクレレ練習《れんしゅう》するの東京《とうきょう》じゃうるさそうですよね
穴《あな》の中《なか》に新聞紙《しんぶんし》入《い》れると響《ひび》かないですよ
ほう何枚《なんまい》ほどですか
枚…
何新聞《なにしんぶん》を?
※ジョーク
えーウクレレのご用命はふたり一組で…
誕生日パーティが得意です
こぼればなし
記念撮影《きねんさつえい》
トニー親子を少し離れたところから見ましたら…
パシャ
パシャパシャパシャッ
パシャッ
木の実が落ちてきたらしく記念撮影中
なんかノってきたね

Ukulele Pua Pua Pacific Beach Hotel, 1F 2490 kalakaua Ave. #19B Honolulu TEL: 808-924-2266

ロミロミ
お願《ねが》いしたのはデリックさん
家族《かぞく》にもマッサージや聖職《せいしょく》に関係《かんけい》する人が多く心身《しんしん》ともに癒《いや》してくれるという
今回《こんかい》は
きみが家《いえ》で彼女《かのじょ》にやってあげられるようにね
トニーも教《おし》えてもらいつつやってもらうことに
いいこと言うなー
家庭《かてい》でもできるロミロミ①
ヒジを立てちゃダメ
ヒジから下を使ってお尻からモモを押す
家庭《かてい》でもできるロミロミ②
ヒザの裏をこする
血管やリンパ線のつまりむくみ解消
ローションやオイルを使うといいそう
ローションを手に取ったらこすって温める
その方が吸収もいい

家庭《かてい》でもできるロミロミ③
手は前に回転させながら下へさがっていく
これは温めた石でもできます
そのストーン・マッサージも受《う》けました
デリックさんは湯で温めていた
温《あたた》かくてどこも気持《きも》ちいいけど特《とく》にエラ近辺《きんぺん》
これは私《わたし》だけしかやってないよ
たるみも取《と》れるんだよ
トニーも少《すこ》しやってもらう
グリっ
うおっ
デリックさんのマッサージは勢《いきお》いがあります
ぐわっし
ぐわっし
感覚で動いてる感じ
これはマオリ族の友人にもらったヒーリング・ストーンだよ
……
ぐり
ぐりっ
痛みをガマンするとジャイアント馬場化する男

マッサージの後《あと》
「ヘイアウ」へ
「ヘイアウ」は
古代《こだい》のハワイの
聖地《せいち》であって
寺院《じいん》のような
とても神聖《しんせい》な場所《ばしょ》
私《わたし》たちが
中《なか》に入《はい》った
とき
あ
雨《あめ》だね
天気雨《てんきあめ》の
ように
パラパラッと
降《ふ》った
ハワイでは
「雨《あめ》は祝福《しゅくふく》の印《しるし》」
と言《い》われています
きみはとても
祝福《しゅくふく》されて
いるねぇ
いつも
降《ふ》るわけじゃ
ないんですか?
お供えも
してある
いや
きみで
3人目《にんめ》くらい
だよ
大勢連れて
来るけど
おお
なんか
嬉しい
心身《しんしん》をキレイに
するという
祈《いの》りを
してもらって
終了《しゅうりょう》
体はずいぶん
ラクになりました

Uncle Derek's Hawaiian Lomi Lomi Massage　1650 Young St., Suite 402, Honolulu　TEL: 808-946-1040

ハワイ語でお買いもの

大学院生でありながらハワイ語修得CDも作ったキエレさん
彼女にハワイ語を習いつつ
ハワイ語がわかる店員さんがいるというお店へ
MASA&JOYCE OKAZUYA
えーと… ヘアハ ケイアア?(これ何)
アヒ(マグロ)
ねぇ「一番人気」ってなんて言うんだろ
「一番人気」…?
それ聞くのは時間かかるからやめとこう
モモナ!
モモナ?(甘い)
ハワイ語では「甘い」と「太っている」は同じ「モモナ」らしい
最後は買った「モモナ」を食べて
オノ!!(おいしい)
マオポポ!(知ってるわ)
言葉を実際に練習する場面では「表現しにくい、または発音しにくいことは言わない」
「相手が答えにくいような質問はしない」
という感じにすると会話がスムースにいくと思いますよ

ヨガ・レッスン

予約なしで
当日行ける
ヨガレッスンを
発見
実は エアロビと
ヨガのインストラクター
義姉
兄
すでにへっぴり腰ふたり
大変に体のかたい男チーム
先生は
英語のみ
ですが
「動き」がつくので
だいたい大丈夫
はあっ
姿勢を直されるたび
苦痛にゆがむ男たちの顔
うあっ
なんとか
乗りきって
最後は
ゆったりと
横になる
ツボを
押す先生
しかし
この時
この男は
先生
このまま
キスして
くれても
いいですよ
と
思ったと
いう
アホ
ですね
レッスンの感想は
こちらの
レベルを見ながら
合わせて
やってくれている感じ
やりやすいと
思います！

Yoga class at Waikiki Beach Marriott Resort & Spa / 3rd Fl. by the poolside 2552 Kalakaua Ave., Honolulu TEL: 808-922-6611
（季節により開講・要確認のこと）

マウイ・ダイバーズ

海に潜って
サンゴを採るので
「マウイ・ダイバーズ」
潜水艇の
ディスプレイも
ここでは
アクセサリーを
作る工程が
見られます
で
削った金粉も集められる
その額月500万円分とか
私たちは
シルバーアクセサリーに
エナメルを注入させて
もらうことに
なんか「S」の方がめちゃ難しいんですけど!!
10×14 m/m
電動式の注入器
足で踏む
ブシュー
足りない
中国系
ベトナム人
クン・フーさん
あっ 入れすぎ
強そうだ!!
ブシュー

Maui Divers' Jewelry Design Center 1520 Liona St., Honolulu TEL: 808-943-8383

美容院に行ってみる

前々《まえまえ》から思《おも》っていた
旅先《たびさき》で髪《かみ》の毛《け》を切《き》ってみたい…
新しいワタシを発見できるかも…!!
そんな夢《ゆめ》を抱《かか》えて美容室《びようしつ》へ
担当はエイミーさん
日系だけど日本語はできません
美容師歴4年
私《わたし》は荷物《にもつ》を預《あず》けたくなかったので
何《なに》か言《い》われたら「持《も》っていたい」って言《い》おう
しかしなにも触《ふ》れられずシャンプー台《だい》へ
大変シンプルなつくり
←単なるイス
ゴシゴシ
えーと私少々息苦しいのですが…高いです…

あっという間《ま》に
シャンプー終了《しゅうりょう》
自分《じぶん》で洗《あら》うときの方《ほう》が時間《じかん》長《なが》いよ
店《みせ》に入《はい》って5分後《ふんご》には鏡《かがみ》の前《まえ》へ
美容師さんのブースは↑決まっているのでエイミーさんのものばかり
どんな感《かん》じにしますか？
えーと少《すこ》しだけ切《き》ってください
レイヤーは？
バサッ
↖バッグごとくるまれております
ナシで…
あっいやアリで!!
↖ナシだと技術がよくわからんと気づいたため
ふと見《み》ると
ジュース片手《かたて》に切《き》られる女子《じょし》
ジュースや食《た》べ物《もの》持《も》ち込《こ》んでもいいの？
いいわよ
食《た》べてても？
ええ
チョキ
サ…サンドウィッチとか!?

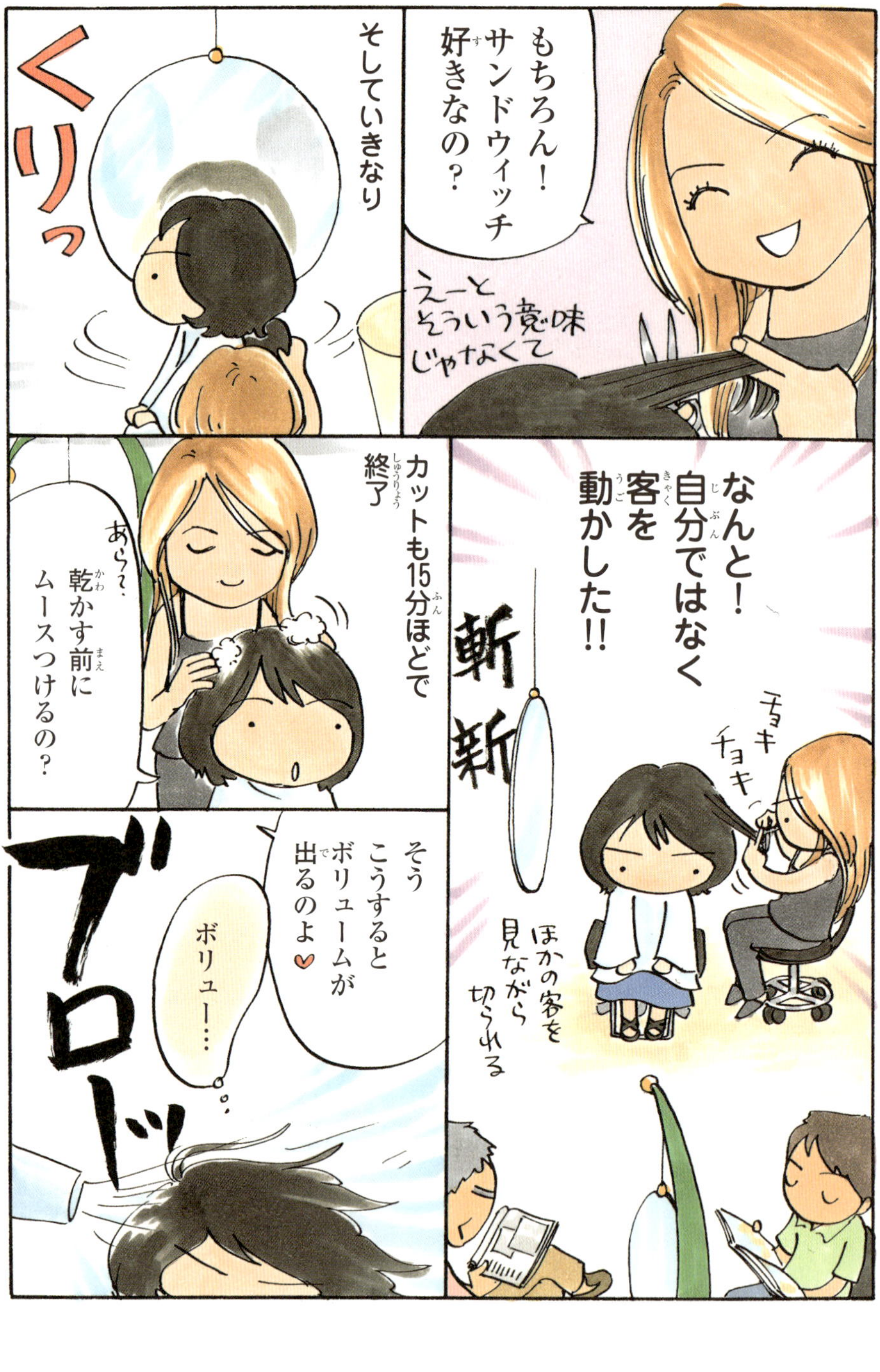
もちろん！
サンドウイッチ
好《す》きなの？
えーと
そういう意味
じゃなくて
そしていきなり
くりっ
なんと！
自分《じぶん》ではなく
客《きゃく》を
動《うご》かした!!
斬新
チョキ
チョキ
ほかの客を
見ながら
切られる
カットも15分《ふん》ほどで
終了《しゅうりょう》
あらっ、
乾《かわ》かす前《まえ》に
ムースつけるの？
そう
こうすると
ボリュームが
出《で》るのよ♥
ボリュー…
ブローッ

ブローッ
ブローッ
5分後《ふんご》
私《わたし》が この世《よ》から 消《け》し去《さ》りたい もののひとつ 「髪《かみ》のボリューム」が 最大限《さいだいげん》に 生《い》かされた 仕上《しあ》がり
なんか見たことある こんな髪型… ブ…ブイオーファイブ…
会計《かいけい》で チップも 払《はら》い
15〜20%くらい
封筒をくれる
待《ま》ち合《あ》わせ場所《ばしょ》へ
あっ さおり!
わかんなかったよ!!
え!?
髪型変えただけで この人は…
いいじゃない いいじゃない それ
本当か…!?
で
大量の 髪の毛は
エイミーが ふきとばしちゃうぞ♡

Paul Brown Salon & Day Spa　Ward Center 1200 Ala Moana Blvd., Honolulu　TEL: 808-591-1881

点心　大班點心 タイパン・ディムサム

TAI PAN DIM SUM

100 N. Beretania St., #167 Honolulu　TEL: 808-599-8899

店内は中国語でいつも大にぎわい

エビギョーザ
$1.80
チャーシューバンズ
$1.80
鶏粥
$3.75
1皿
$1.80～3.75

このお店
おいしい店知りませんか？
→中国語
あーそれなら…
と通りがかりの人に教えてもらった
一緒に行った友人バーニーさんと中国(と日本)の血が入っている奥さまも
おいしい！
ただ
店内はほぼ中国語
お店も小さいので雰囲気を懐さないよう気をつけて…

リムジン

家族をビックリさせようと
わたくし内緒でリムジン借りてみました
運転手ロバートさん
日本語でハワイの豆知識を教えてくれます
兄夫婦を呼びにいってもらうと
小栗さま どうぞ
ええっ
すべて曲線の車内
私が頼んだのは街を少し走ってからレストランへその後また迎えに来てもらうコース
もちろん自腹よ…
帰りは兄夫婦だけを送ってもらいました
いい思い出になったー

○1時間70ドルで配車（最低2時間から・金額は車種により異なる）
○レストラン送迎はだいたい2時間分
○チップは総額の15〜20%が目安

CQ Limousine Group　P.O. Box 90051 Honolulu　TEL: 808-942-0484

「ラブ・バグ」に乗る

「ラブ・バグ」とは
原付《げんつき》エンジンで動《うご》く
レンタルの
三輪《さんりん》スクーター
補助輪
トニーとトニー母《はは》が
乗《の》ってみました
※要普通免許です
キチキチでもシートベルトは着けましょう
バイクのようにハンドルでアクセルなども操作する方式と
車のようにペダルがある方式があります
じゃあマンゴーの木《き》を探《さが》しに行《い》こう！
実《じつ》は前日《ぜんじつ》
そう言《い》えばマンゴーをまだ食《た》べてないわ
食べたいわねぇ
フルーツ大好き！
ちょっと出《で》かけてくるね

30分後《ぷんご》
ただいまー
マンゴーもらって来《き》たよ！
どこで？
フフフ…
大《おお》きなマンゴーの木《き》を見《み》つけてね
すいませーんマンゴー少《すこ》し分《わ》けてもらえませんか？
んー2コくらいならいいよ
でも取《と》ろうとしてたら家族《かぞく》の人《ひと》が来《き》てもっとくれたんだ
いいわねぇ木《き》に生《な》ってるところも見《み》てみたいわ
絶対に許可なく採っちゃダメですよ
ということでそのマンゴーの木《き》を探《さが》しに出発《しゅっぱつ》する親子《おやこ》
小さいので存在を主張するための旗
ブー
あっしまった!!

なにを目印《めじるし》に帰《かえ》ってくればいいのか教《おし》えるの忘《わす》れた!!
でもお義母さんならわかるかな
ずっとコーディネーターさんの運転で移動していたので細かい場所がわからないのだった
トニーさんがいるから大丈夫《だいじょうぶ》でしょう…
いんや!!
トニーはすごい方向音痴《ほうこうおんち》だよ
前《まえ》に5年《ねん》くらい住《す》んでいた部屋《へや》の中《なか》で
駅《えき》の方《ほう》にさぁ…
ほあ〜
駅《えき》は
あっちだ!!

その頃《ころ》 親子《おやこ》は
渋滞《じゅうたい》や信号《しんごう》で あまりスピードは 出《だ》せないし 普通《ふつう》の車《くるま》っぽい けど
横《よこ》にバスとか来《く》ると 圧迫《あっぱく》される感《かん》じは するわね
えーと…
昨日《きのう》の木《き》は わかんないけど…
あそこに 大《おお》きな木《き》があるね ちょうど人《ひと》も いるし
行ってみよう
↑案の定
ちょっと ちょっと
マンゴー 少《すこ》し 持《も》ってく かい？
おじさんの 方から!!
おお ありが とう!!
さて帰《かえ》ろう
あら？ これ バックの ギア ないわね
あっ 大丈夫《だいじょうぶ》
地面 蹴ったら 動いた

Paradise Cruisers, Inc.　2446 Koa St., Honolulu　TEL: 808-926-2847

おわりに

ハワイ語に、「さようなら」という言葉はないんだとか。
別れるときに言う「A hui hou」の意味は、「また会うときまで」。
楽しかったこの島々、
お世話になった方々に感謝を込めて。
Mahalo!　そして、A hui hou!

小栗左多里

旅は終わるものではない。
ずっと記憶の中に生き続けている。

編集の伊藤さん、大嶋さん、阿部くんをはじめ、
ソニー・マガジンズの関係者、
冒険させていただいた皆さまに心から感謝の意を申し上げたい。

トニー・ラズロ

小栗左多里　おぐりさおり

岐阜県生まれ。95年にデビュー。著書に『ダーリンは外国人①～②』『ダーリンの頭ン中』『カナヤコ』(メディアファクトリー)『英語ができない私をせめないで!』(大和書房)、『精神道入門』(幻冬舎)『おねがい神様』『この愛のはてに』『まじょてん①～②』(ヤングユーコミックスコーラスシリーズ)などがある。

http://ogurisaori.com/

トニー・ラズロ

ハンガリー人の父とイタリア人の母の間に生まれ、米国に育つ。自他ともに認める語学好き。1985年より日本を拠点とするライター。英語と日本語で文書を書く傍ら、1994年から多文化共生を研究するNGO「一緒企画(ISSHO)」を運営。著書に『ダーリンの頭ン中』(メディアファクトリー)『トニー流 幸せを栽培する方法』(ソフトバンク クリエイティブ)などがある。

http://talking.to/tony

STAFF

DESIGN	Tomoyo Gomi (Achiwa Design)
DTP	Mook house Jr.
EDITOR	Tomoyoshi Abe (MEGIN)
EDITING DIRECTOR	Mineko Oshima (MEGIN)
PRODUCER	Eddy Tsuyoshi Ito (Sony Magazines)

JASRAC No. 0515082-501

Cooperation

Jesse Maejima / Maui Location Service Inc.
Naoko / Maui Location Service Inc.
Nick Kato / Tropicolitan, Inc.
Art Umezu / Kauai Film Commissioner County of Kauai
Minori Evans / Assistant Coordinator
Mike Maekawa / Production Partners Inc.
Janet M. Kawakami / Coordinator
Hawai'i Tourism Japan

Special Thanks

MAUI: Gladys Kanoa & the Kanoa Family / Kili Namau'u / Punohu Ah Sau / Kamaile Kekahuna / Robert King / Alan M. Arakawa / Hana Steel, Ph.D. / Irene Cordell / Stacia Bobekevich/ Oliveira Kali'I / Jan Dapitan / County of Maui

BIG ISLAND: Norman Buzzy Histo / George & Ella Arakawa and Mama Ella's of Hawaii / Sylvia Nicholson / Archie / Grace Walker / Sunny Takeishi / Share / Roen & Ken Hufford / Ron Niau / Kimura Lauhala Shop / Rick Castberg / Ku Kahakalau

KAUA'I: Raymond & Dorine Rapozo / Kenny Rapozo / Crew Members of Hokulea / Joe & Tom Halasey and the Halasey Family / Joanna F. Carolan / Bryan Baptiste / Annie, Donald & Hokuao Kanahele and the Kanahele Family / Noriyuki Fujimori / Katy McColgan / County of Kauai

O'AHU: Loukie of Boutique 88 / Wendell Titcomb / Johnny Purvis / Ken Nishimoto / Kiele Akana-Gooch / Jan Iwai

※ 取材店舗などの住所、及び電話番号、価格などは2005年7月時点のものです

さおり&トニーの冒険《ぼうけん》紀行《きこう》 ハワイで大《だい》の字《じ》

2005年11月25日　初版第1刷発行

著　者	小栗左多里《おぐりさおり》
	トニー・ラズロ
発行人	三浦圭一
発行所	株式会社ソニー・マガジンズ
	〒102-8679 東京都千代田区五番町5-1 電話　03-3234-5811(営業) 03-3234-7375(お客様相談係) 03-3234-5122(編集)
印刷所	図書印刷株式会社

ISBN4-7897-2600-2
Printed in Japan